Hywel Williams

Ces journées
qui ont changé le monde
Le beau livre des moments-clés de l'histoire

Traduit de l'anglais par
Dominique Piolet-Françoise

SOMMAIRE

Introduction

Dans le flot des événements quotidiens, les courants de l'histoire sont sous-jacents et souvent imperceptibles et c'est à l'historien que revient l'agréable tâche de dépister le flux et le reflux de ces forces dans la vie de l'humanité. Il y a, cependant, des moments où ces courants refont surface – avec un effet qui est souvent fracassant, parfois touchant, mais toujours métamorphosant – pour éclairer le sens de l'histoire. Ce sont les journées où ces moments se sont produits qui font l'objet de cet ouvrage.

Les cinquante jours que j'ai choisis couvrent une longue période qui va de l'évolution de la civilisation athénienne au ve siècle avant J.-C. jusqu'à la crise dans les relations entre les puissances d'Occident et du Moyen-Orient. Mes choix sont, inévitablement, le reflet des expériences d'un auteur européen qui écrit en anglais au XXIe siècle. Mais, ces cinquante journées, je les ai choisies pour leur portée incontestable et leur impact universel. Chaque génération repose sur les épaules de la génération qui l'a précédée et pense voir plus loin tout en étant redevable envers ses aïeux. À l'époque qui est la nôtre, nous nous rendons mieux compte des liens qui existent entre les différents continents ; et les relations entre l'Asie et l'Europe, l'Afrique et l'Amérique du Nord, d'une part, et l'Amérique du Sud, d'autre part, sont – je l'espère – parfaitement illustrées dans *Ces journées qui ont changé le monde.*

Les événements de l'histoire au cours de ces deux millénaires et demi englobent des triomphes mais aussi des défaites militaires, des révélations religieuses et des controverses intellectuelles, des révolutions sociales et politiques, des assassinats et des conspirations. Certains événements – comme, par exemple, le couronnement de Charlemagne – marquent le début d'une ère nouvelle tandis que d'autres – comme la chute de Constantinople – marquent la fin d'une grande période. Mais le déroulement de l'histoire du monde est également façonné par des événements moins spectaculaires et par des faits dont l'importance n'est apparue que bien plus tard. C'est pourquoi j'ai inclus des événements comme l'entrée à l'université d'Isaac Newton, la publication du rapport d'Albert Einstein sur la théorie de relativité restreinte et le dépôt de brevet d'Alexander Graham Bell pour l'invention du téléphone.

Tout au long de cet ouvrage, vous trouverez une multitude d'exemples de ce que sont la cruauté et la tragédie humaines, la violence ou encore les préjugés à la vie dure. Mais l'histoire des êtres humains révélée en suivant un ordre chronologique montre également la force de l'esprit humain et son désir de justice. Dans les annales de l'humanité, l'esclavage, le danger et l'intolérance côtoient l'émancipation, la créativité et l'énergie.

Je remercie mon agent littéraire, Georgina Capel, et Anthony Cheetham qui m'ont suggéré d'écrire ce livre. Merci à mon éditeur Wayne Davies pour avoir su me guider tout au long de cette aventure. Merci également à Victoria Huxley et (pour la seconde édition) à David Pickering qui ont su porter un regard perspicace et faire preuve d'un jugement sagace au moment de la lecture de mon manuscrit. Toute erreur de jugement ou d'expression relève de ma seule responsabilité. Je souhaiterais dédier ce livre à la mémoire de Frank Johnson (1943-2007) et à Virginia Fraser.

HYWEL WILLIAMS

28 septembre de l'an 480 av. J.-C.

La bataille de Salamine

La marine athénienne anéantit la flotte perse

« Nous nous sommes imposés sur toutes les mers et toutes les terres, preuves manifestes de notre audace et partout, pour le meilleur ou pour le pire, nous avons laissé derrière nous des traces indélébiles. »

Oraison funèbre de Périclès, 431 av. J.-C.

La bataille de Salamine est la première grande bataille navale relatée dans des écrits. Cette bataille est, incontestablement, l'un des épisodes guerriers les plus importants de la longue histoire qui opposa la Grèce à l'Empire perse. Vers 480 av. J.-C., l'armée perse sous le commandement du roi Xerxès Ier a déjà conquis une grande partie de la Grèce. La flotte perse composée de milliers de galères est sur le point d'encercler et d'anéantir les 370 trirèmes grecques réunies dans le golfe de Saronique. Mais la marine grecque ne s'avoue pas vaincue et, dans le détroit de Salamine qui sépare l'île du même nom du port athénien, le Pirée, elle prend le dessus sur son ennemi pourtant en supériorité numérique.

La victoire de Salamine n'est due qu'à une judicieuse supercherie – art dont les Grecs se félicitaient d'avoir le secret. Thémistocle, à la tête de la flotte grecque, arrive à faire parvenir à Xerxès Ier un faux message laissant entendre qu'il se prépare avec ses hommes à quitter la baie par le côté est. Crédules, les Perses font voile vers la passe la plus étroite du détroit où les attendent leurs ennemis prêts à livrer une lutte sans merci. Les navires perses sont percutés de plein fouet et quelque 300 bâtiments sombrent alors que du côté grec les pertes sont estimées à une quarantaine de trirèmes. Les Perses n'ont d'autre choix que de fuir et Xerxès est contraint à renoncer à toute attaque terrestre. Une trêve d'un an permettra aux Grecs de respirer un peu, ce dont ils ont bien besoin. Les cités-États ou *poleis* peuvent enfin oublier les querelles auxquelles elles ont été si souvent exposées. Les armées réunies sous le commandement du général spartiate, Pausanias, l'emporteront à nouveau sur les Perses en 479 av. J.-C. lors de la bataille de Platées.

Politique et stratégie grecques avant la bataille de Salamine

Salamine est l'aboutissement d'une stratégie navale menée avec ardeur par une grande démocratie. En 508 av. J.-C., soit 28 ans plus tôt, Clisthène mit en place une réforme accordant la citoyenneté à tous les hommes libres d'Athènes – y compris Thémistocle dont le père était un aristocrate mais dont la mère n'était pas Athénienne. Sans cette réforme, le héros de Salamine n'aurait donc pas pu être citoyen d'Athènes. Puis, dix ans avant la bataille de Salamine, les Grecs, sous le commandement de Miltiade, battirent à plate couture les Perses à Marathon. Cette immense victoire terrestre fut celle des fantassins, qui avaient les moyens de se payer un équipement en bronze particulièrement onéreux. Mais les Perses avaient une cavalerie et des archers qui s'entraînaient au combat dans les vastes plaines du pays, avantage indéniable par rapport aux Grecs confinés dans un pays de montagnes et de vallées. Les Perses risquaient de revenir envahir la Grèce.

Thémistocle eut l'idée de tirer profit des difficultés rencontrées par les Perses et leurs alliés (dont les Phéniciens) à maintenir leur flotte pour s'approvisionner et communiquer.

Le stratège décide alors de faire campagne pour développer la flotte athénienne et avoir à sa disposition 70 bâtiments. Cette idée était lourde de conséquences sur le plan démocratique. En effet, les riches auraient à payer des impôts plus élevés et les pauvres, par tradition en faveur de la démocratie, formeraient les équipages des trirèmes. Autrement dit, le développement de la flotte grecque ne peut se faire que si les partisans de la démocratie voient leur influence et, si possible, leur nombre augmenter. Pour les classes conservatrices et possédantes, une campagne terrestre leur est plus favorable sur le plan politique, dans la mesure où l'infanterie est composée d'hommes issus des classes les plus favorisées. Les années 480 av. J.-C. à Athènes, malgré la victoire de Marathon, menacent de dégénérer en un conflit politique et social endémique connu sous le nom de *stasis* dans la Grèce antique.

Le problème fut en partie résolu grâce à un métal, l'argent. En 483 av. J.-C., dans les mines du Laurion, propriétés de l'État, un gisement particulièrement riche est découvert. Thémistocle réussit à convaincre l'assemblée d'Athènes d'utiliser les gains de cette production pour développer la flotte grecque qui, au final, comptera 200 trirèmes. Thémistocle persuade également les autorités grecques du Péloponnèse – y compris Sparte avec ses 150 navires – de rallier leurs forces navales. Un amiral spartiate est nommé commandant en chef, les Corinthiens et les Égéens ne pouvant servir sous un Athénien. Cette nomination est purement conventionnelle, Thémistocle étant, en fait, le vrai dirigeant.

Au début du mois d'août de l'an 480 av. J.-C., la flotte grecque fait voile vers l'Eubée – une première pour cette flotte qui, par tradition, ne s'éloignait jamais du continent. Une violente tempête se solde par des pertes importantes du côté perse. La bataille de l'Artémision qui s'ensuit fait de très nombreuses victimes dans les deux camps. Puis, le 19 août, dans la passe des Thermopyles qui mène de la Thessalie à la Grèce centrale, 20 000 Perses s'opposent à 300 Spartiates et 700 soldats de Thèbes. La supériorité numérique l'emporte, les Perses s'emparent de l'Attique et mettent Athènes à feu et à sang. La victoire de Salamine sera pour les Grecs une juste vengeance après cette cuisante humiliation.

Les conséquences de Salamine

La victoire d'une armée de terre et d'une flotte citoyennes ne fit que conforter la suprématie de la civilisation grecque dans son ensemble. Or cette civilisation, sur le plan culturel, s'est illustrée bien avant Salamine. Déjà en 776 av. J.-C., il est fait état des Jeux olympiques qui attestent du goût des Grecs pour la compétition ou *agôn* que l'on retrouve certes dans le sport mais également dans tous les autres domaines. *L'Iliade* et *L'Odyssée* que l'on attribue à Homère ont été écrites au milieu du VIIIe siècle av. J.-C. Ces épopées présentent les dieux comme des créatures pouvant se mettre en colère, être heureuses, jalouses ou bienveillantes mais toujours imprévisibles. Le sol grec étant particulièrement pauvre, dès 700 av. J.-C., les Grecs se mettent en quête de terres plus fertiles tout autour du Bassin méditerranéen et dans le sud de l'Italie. Parménide d'Élée, dont le nom est indissociable de l'école des philosophes qui furent les premiers métaphysiciens, est né en 515 av. J.-C. Il émet la théorie selon laquelle l'univers (l'Être), bien que semblant changeant, est immuable, indivisible et éternel. Vers 500 av. J-C., Héraclite d'Éphèse parle au contraire pour la première fois du mouvement perpétuel de la nature et de l'humanité.

Après la bataille de Salamine, les Grecs se définissent comme appartenant à une civilisation sciemment opposée à un « Orient » veule, aimant le luxe, décadent et, par-dessus tout, antidémocratique. Pour les Grecs, remporter de grandes victoires sur un empire beaucoup plus vaste et plus riche que la Grèce n'est dû qu'à la bénédiction des dieux. Nombre d'Athéniens pensent également que le développement des institutions démocratiques, avec un objectif partagé par tous, est la clef de leur supériorité morale et politique. Ce débat très animé débouche sur le développement de la pensée critique et d'une philosophie dont les idées fondamentales portent sur la matière et les atomes, la loi et la morale, la différence entre la croyance subjective et la vérité objective. Les débats intellectuels font rage : de manière informelle, à l'*agora*, lieu du marché à Athènes, et de manière plus formelle à l'école et au gymnase mais aussi au sein même de l'assemblée athénienne (l'Ecclesia). Platon, bien qu'antidémocrate, voit dans ces échanges de points de vue la voie qui mène à la vérité ou dialectique. La société grecque est inlassablement une société ouverte sur les autres. Une société dans laquelle un *sot* est un homme vulgaire, tourné sur lui-même et en retrait du monde public de la *polis* où le devoir de chacun est de servir la cité. La langue même – ce dont se félicitent les Grecs – permet d'exprimer avec précision de subtiles nuances et des idées abstraites au cœur des débats tout au long du Vᵉ siècle av. J.-C.

Malgré la victoire de Salamine, les Grecs se sentent toujours menacés par les Perses. C'est ce sentiment d'être en permanence sur le fil du rasoir qui explique la supériorité créatrice de la civilisation athénienne. Hérodote s'interroge sur le comment mais aussi sur la *raison pour laquelle* les Grecs et les Perses sont entrés en guerre, créant ainsi une nouvelle discipline : l'histoire. Il porte un œil critique sur les évidences et attire l'attention sur la fascination des Grecs pour leur culture qu'ils opposent aux « barbares ». La tragédie est la forme littéraire qui caractérise le mieux la culture athénienne. Mélange de spéculations philosophiques, de rituels religieux et de poésie sublime, la tragédie n'aura jamais d'égale dans aucune autre civilisation. La représentation des relations entre les hommes et les dieux, entre le libre arbitre et la nécessité prennent une dimension humaine dans les œuvres d'Eschyle, de Sophocle et d'Euripide qui appliquent les mythes grecs de jadis aux thèmes contemporains.

Pourtant, il y a aussi une dimension tragique dans l'incapacité des Grecs, après des débuts ô combien prometteurs, à mettre en place un ordre politique dont l'unité serait le reflet de l'intensité culturelle. Les guerres entre les quelque 70 cités-États sont constantes. Les conflits internes sont virulents et l'ostracisme – le bannissement des hommes politiques qui ont perdu leur popularité – est souvent de mise à Athènes. Thémistocle lui-même est banni après avoir essuyé un échec alors qu'il proposait une nouvelle réforme de l'Aéropage, conseil initialement aristocratique qui gouvernait Athènes. Au début du VIᵉ siècle av. J.-C., les réformes de Solon modifient considérablement l'organisation de la cité. Peut désormais devenir membre de l'Aéropage tout citoyen appartenant à la classe fortunée. Solon met par ailleurs en place la Boulè, conseil ayant pour rôle de définir les lois régissant la cité. Pour Thémistocle, ces réformes font certes progresser la démocratie mais sont insuffisantes et l'évolution est trop lente. Rejeté par son pays, il part pour la Perse où il occupe les fonctions de gouverneur de cités grecques sous le contrôle perse. Il y restera jusqu'à sa mort vers 460 av. J.-C.

L'héritage culturel

Vers 438 av. J.-C., le Parthénon, demeure des jeunes filles (du grec *parthenos* signifiant « vierge ») est achevé. Ce temple érigé à Athènes en l'honneur de la déesse Athéna est la représentation symbolique de la confiance en soi de l'assemblée dirigeante de la cité. Mais sept ans plus tard, l'Empire athénien entre dans un conflit, connu sous le nom de seconde guerre du Péloponnèse, qui, durant 27 années, l'opposera à Sparte. Si cette guerre traduit l'opposition entre deux types de gouvernement – la démocratie citoyenne d'Athènes et le militarisme aristocratique de Sparte –, elle est également le résultat des tactiques brutales auxquelles les Athéniens ont eu recours pour accroître leur empire, et des taxes imposées aux États clients par des régimes dont les dirigeants sont des conciliateurs proathéniens.

La guerre, qui s'acheva sur la victoire de Sparte et le démantèlement de l'Empire athénien, mit fin à la suprématie non seulement d'Athènes mais de la Grèce dans son ensemble. En soutenant financièrement Sparte, la Perse prit en quelque sorte sa revanche après la défaite de Salamine. Toute la Grèce se trouva sous l'emprise des Grecs du Nord, les rois de Macédoine, Philippe II et, plus tard, son fils Alexandre. La victoire de Philippe II lors de la bataille de Chéronée (338 av. J.-C.) imposa la royauté macédonienne et sa suprématie sur les *poleis.* Ce changement marqua une fin mais également un nouveau départ. Alexandre, qui se considérait comme un héros homérique, fut le meilleur ambassadeur de la culture hellénique. Il transmit, comme le feront ses successeurs, les valeurs grecques (hormis la démocratie) dans tous les pays orientaux qu'il conquit, y compris la Syrie, la Palestine, l'Égypte, la Perse et de vastes régions en Asie centrale et au nord-ouest de l'Inde. À cette époque, la République romaine était en plein essor. Les Romains, eux-mêmes, auront toujours conscience que leurs prouesses sur les plans militaire, politique mais aussi juridique – domaine qui les différencie des autres peuples – s'expliquent par le fait que, culturellement, ils ont pris modèle sur les Grecs. La Grèce, cette civilisation qui n'aurait jamais pu autant se développer géographiquement et s'affirmer politiquement sans la victoire de Salamine.

15 mars de l'an 44 av. J.-C.

L'assassinat de Jules César

La mort d'un dictateur et la fin de la République romaine

« *Une étoile, tous ces jours, apparue au nord […]. La majorité du peuple voyait en cette étoile César devenu immortel.* »

Histoire romaine, Dion Cassius (env. 155-235)

Le 15 mars de l'an 44 av. J.-C., jour des Ides de Mars dans le calendrier romain qu'il vient juste de réformer, le général et homme politique né Caius Julius Caesar est assassiné lors d'une réunion du Sénat à Rome. L'assassinat est l'aboutissement d'un complot fomenté par un groupe d'aristocrates républicains. Le matin même, Jules César est encore au sommet de sa gloire : conquérant de la Gaule, vainqueur incontesté des guerres civiles qui ont mis fin à l'ancienne République romaine et dictateur à vie – titre qui remonte au début de l'histoire romaine et qui vient de lui être conféré. En dépit des présages de l'un des devins qui hantent les rues, Jules César n'entend pas changer d'avis et décide de se rendre au Sénat.

Dès son entrée, les sénateurs se lèvent en signe de respect. À peine assis, Jules César est assailli par les conspirateurs. Tillius Cimber est le premier à s'approcher, prétextant vouloir lui soumettre une requête au nom de son frère exilé sur ordre du dictateur. Tillius Cimber est alors rejoint par d'autres sénateurs qui supplient Jules César de se montrer clément. Tous lui baisent la tête et les pieds. Jules César tente de se lever mais il en est empêché par les comploteurs qui sortent leurs poignards de leur fourreau. Publius Casca essaie de le frapper au-dessus de la clavicule gauche mais il rate sa cible. Le frère de Casca dégaine alors son épée et la lui enfonce dans les côtes. Cassius lacère le visage de Jules César alors que Brutus lui transperce le ventre. La violence et la confusion sont telles que les conspirateurs en arrivent à se frapper les uns les autres. Transpercé de trente-cinq coups de poignards et d'épées, le corps de Jules César gît au pied de la statue de Pompée.

Le dictateur a imposé plusieurs réformes au Sénat. Il a augmenté le nombre de sénateurs, soucieux que les citoyens de Rome soient mieux représentés au sein de cette assemblée. Dans le même ordre d'idée, il a accordé la citoyenneté romaine aux étrangers, notamment à toute la population de la Gaule cisalpine au nord du Pô. Il a reconstruit les villes de Carthage et de Corinthe détruites par ses prédécesseurs qui désiraient élever la cité-État de Rome au rang de puissance mondiale. L'année précédant sa mort, Jules César a fait voter une loi qui définit la manière dont doivent être gouvernés les municipes ou *municipia*, villes à l'intérieur de l'État romain ayant leurs propres lois et coutumes.

Toutes ces mesures répondent à un seul et même objectif : essayer de résoudre un problème de taille, à savoir gérer les soldats des légions romaines, soit revenus à la vie civile et désireux d'avoir une terre, soit toujours engagés mais dépourvus de toute loyauté envers les institutions romaines. Plutôt que de servir la République, ils ont choisi d'aider leurs généraux à assouvir leurs ambitions personnelles, favorisant ainsi le déclin des institutions républicaines.

Il ne fait aucun doute que ce sont ses indéniables compétences et son ambition démesurée qui vaudront à Jules César de mourir assassiné. Parmi les conspirateurs, deux anciens gouverneurs de la Gaule : Marcus Junius Brutus (qui, pour nombre de personnes, serait le fils illégitime de Jules César) et Decimus Junius Brutus. Tous deux font partie d'une famille dont le nom est depuis fort longtemps associé à la cause républicaine. En effet, l'un de leurs ancêtres aurait participé, en 509 av. J.-C., à l'expulsion des Tarquins – rois de Rome – qui conduisit à la mise en place de la république. Or, Jules César, le dictateur, semble prêt à bouleverser des institutions et des croyances républicaines en place depuis un demi-millénaire. Les assassins de Jules César expliqueront leur geste par leur désir de restaurer le *mos majorum* ou « coutumes ancestrales ».

La Rome d'avant César

Les guerres, les lois et la vie politique ont toujours dominé l'État romain. Au sommet de la hiérarchie se trouvaient deux consuls élus par les citoyens romains. Ces deux magistrats étaient en charge des affaires militaires. Venaient ensuite les magistrats qui réglaient les conflits juridiques, organisaient les travaux publics, présidaient les fêtes religieuses et assumaient d'autres obligations au sein de l'État. Même si tous les citoyens romains jouissaient du droit de vote, ils étaient toutefois divisés en trois groupes en fonction de leur statut social et de leur fortune. D'un côté les patriciens, petit groupe d'élite composé de familles qui étaient les seules à pouvoir être élues à certains postes. De l'autre, les *equites* ou « chevaliers » qui avaient suffisamment d'argent pour payer différentes taxes et suffisamment de temps pour assumer gratuitement certains devoirs. Enfin, les plébéiens, hommes libres non privilégiés. Cette organisation qui convenait parfaitement à une cité-État de taille moyenne du centre de l'Italie était remise en question du fait de l'extension de Rome. Vers 290 av. J.-C., Rome avait unifié les régions du centre et du sud de l'Italie auxquelles elle avait imposé ses règles. Le combat épique qui s'engagea durant les 150 années suivantes conduira à l'ultime défaite de Carthage, ville d'Afrique du Nord rivalisant avec Rome afin de dominer les régions à l'ouest de la Méditerranée.

La Rome du milieu du IIe siècle était également une puissance mondiale, à l'est avec les conquêtes d'une grande partie de la Grèce, et à l'ouest où les Romains l'emportèrent dans le sud de la Gaule. Mais l'économie impériale bouleversait l'organisation républicaine. Les petites propriétés foncières, glorifiées dans la littérature romaine comme les pépinières où étaient enseignées les vertus d'un travail difficile et la piété ancestrale envers les dieux romains, n'avaient plus leur place. L'importation d'aliments bon marché, notamment en provenance des greniers d'Afrique du Nord, ainsi que la croissance des grandes propriétés dans lesquelles travaillaient des esclaves, dominaient les marchés et nombre d'ouvriers agricoles se retrouvèrent sans travail. Une grande partie de la population s'installa à Rome. Se développa alors une classe composée de prolétaires urbains qui avaient faim, étaient sans emploi et, de ce fait, prêts à vendre leurs voix et à voter pour ceux qui leur promettaient de la nourriture, de l'argent et des spectacles grandioses. En parallèle, certains généraux couronnés de succès qui ambitionnaient un poste n'hésitaient pas à envoyer leurs propres troupes pour l'obtenir par la force.

L'argent et la force étaient donc indispensables pour être élu aux postes de préteur (magistrat suprême élu) et de consul qui, par tradition, bénéficiaient d'avantages tels que l'administration d'une province. Parmi les clients des plus grandes familles aristocratiques romaines, qui apportaient leur soutien politique à leurs patrons, on trouvait ainsi des rois à la tête de provinces mais aussi de régions entières.

La prise de pouvoir par Jules César

La famille de Jules César appartenait à la *gens* (« clan ») des Iulii, l'une des plus anciennes familles de la noblesse patricienne. Mais s'ils affirmaient descendre directement de la déesse Vénus, les membres de la famille Iulia n'étaient ni riches ni puissants et, pour faire sa place, le dernier de la lignée n'eut d'autre choix que de se battre.

Dès le début, Jules César eut pour ambition de réformer le vieil Empire romain et de rendre le monde gréco-romain plus vaste encore. Il affirma sa position radicale en épousant Cornelia Cinna, fille du consul Lucius Cornelius Cinna qui avait soutenu les campagnes politiques du général révolutionnaire Caius Marius. Durant la dictature de Sylla, qui ne durera que quatre années (de 82 à 78 av. J.-C.) et fut la première tentative pour se débarrasser du gouvernement républicain au nom d'une aristocratie réactionnaire, César, menacé, quitta l'Italie pour faire son service militaire dans la province d'Asie et en Cilicie. De retour d'exil à Rome, il fut élu au poste de tribun militaire et, avec son nouvel allié Pompée, général couronné de succès et jouissant d'une grande popularité, il s'attaqua au démantèlement de la constitution mise en place par Sylla.

En 68 av. J.-C., Jules César fut élu au poste de questeur – première grande étape dans une carrière politique – et partit occuper ses fonctions en Hispanie ultérieure, dans le sud de l'Espagne. Élu au poste d'édile curule (magistrat), il emprunta beaucoup d'argent afin de financer l'organisation de festivités publiques grandioses. En 63 av. J.-C., il fut nommé *pontifex maximus* ou grand prêtre et, en 62 av. J.-C., préteur. Gouverneur d'Hispanie ultérieure en 61-60 av. J.-C., il n'eut aucun scrupule à piller les plus riches afin de régler ses dettes. Il revint à Rome en 60 av. J.-C. et, en dépit de l'opposition des sénateurs, fut élu consul en 59 av. J.-C.

Avec le « premier triumvirat », Jules César s'allia à Pompée et Crassus afin d'avoir plus d'influence. Il réussit à faire voter une loi pour que les soldats de Pompée se voient octroyer des terres en Italie. Il partit à la conquête des régions de Gaule qui n'étaient pas encore sous le contrôle des Romains. Ses victoires firent de lui un héros et lui donnèrent suffisamment de poids pour envisager de réorganiser la ville de Rome. Du fait de rivalités internes, Jules César prit du recul par rapport à Pompée et à Crassus et, en 49 av. J.-C., il fit route sur Rome. Aux côtés de son armée, il franchit le Rubicon qui marquait la frontière entre la Gaule et le territoire romain. Ce faisant, il enfreignit la loi et défia le Sénat. Il l'emporta sur Pompée, qui maintenant était du côté du Sénat, lors de la bataille de Pharsale au sud de la Thessalie. Cette victoire fit de Jules César le dirigeant – certes très contesté – de Rome. Après des expéditions en Égypte et en Asie mineure, il revint à Rome, où il réprima une mutinerie en Campanie. Il maîtrisa les légions rebelles en Afrique du Nord et prit le dessus sur les fils de Pompée. César était le vainqueur absolu – mais il s'était fait à tout jamais des ennemis parmi ceux qui avaient foi en l'ancien système romain et qui étaient prêts à tout pour le remettre en place.

Le triomphe de Jules César

Jules César n'est pas le tyran qui a détruit la République romaine. En effet, le régime s'était détruit de lui-même. La noblesse romaine avait perdu toute autorité après avoir mis en place un système qui n'était ni plus ni moins qu'une oligarchie. César adopta son arrière-petit neveu, Octave, et en fit son héritier. Après la mort de Jules César, Octave forma le deuxième triumvirat avec Marc Antoine et Lépide, les trois hommes ayant les mêmes objectifs politiques et la même soif de pouvoir. Tous trois poursuivèrent les assassins de Jules César jusqu'à ce que mort s'ensuive. En 42 av. J.-C., ils déifièrent le dictateur assassiné et contraignirent les magistrats romains à appliquer les changements que Jules César avait apportés à la constitution.

Octave, qui avait hérité du génie politique de Jules César, fit preuve de beaucoup plus de subtilité sur le plan politique. Il mit fin au deuxième triumvirat et s'autodécerna le titre d'Auguste après la reprise de la guerre civile romaine. Lors de la bataille d'Actium en 31 av. J.-C., il remporta une grande victoire navale sur Marc Antoine et la reine d'Égypte, Cléopâtre. L'Égypte devint la propriété privée d'Octave qui se trouva alors à la tête d'une fortune telle qu'il put prétendre distribuer ses biens comme il l'entendait et octroyer du pouvoir à qui bon lui semblait à Rome. En 27 av. J.-C., il se vit donner par le Sénat le titre de César Auguste. Comme il avait conscience que son grand-oncle avait été assassiné parce qu'il avait affiché éhontément son pouvoir, il affirma se contenter de rétablir l'ancienne constitution démocratique de Rome. Cependant, nul doute que seuls ses partisans obtiendraient les suffrages nécessaires pour être élus à des postes clefs. Sous une façade démocratique dont il restait peu de choses, Rome était devenue un empire. Et cet empire était l'aboutissement du travail de toute une vie, celle de Jules César. En se débarrassant des oligarques romains prétendument républicains, Jules César avait, en fait, donné à Rome un regain de vitalité.

Forte de son autocratie, Rome fut une puissance incontestée pendant encore 400 ans, jusqu'à ce qu'elle soit menacée par des barbares venant du nord et de l'est. La Gaule qui, au fil des siècles, s'était considérablement romanisée avait pu, grâce à ses racines, recouvrer une vie civilisée après le passage des tribus barbares. La reconnaissance de cette dette européenne explique la survie du nom de César que l'on retrouve dans les mots « Tsar » et « Kaiser » utilisés pour désigner un dirigeant suprême. Mais l'attrait du républicanisme en tant qu'idéal politique avait également survécu. Il refit surface une première fois au Moyen Âge dans les cités-États d'Italie. Les œuvres de Nicolas Machiavel et, plus tard, celles de William Shakespeare, notamment *Jules César*, firent du républicanisme un idéal – idéal peu apparent dans les motivations purement égoïstes de ceux qui, en ce jour de l'an 44 av. J.-C. à Rome, poignardèrent à mort le premier et le plus grand des Césars.

Vendredi saint vers l'an 30 ap. J.-C.

La crucifixion de Jésus-Christ

Le début de l'ère chrétienne

« *Le sang des martyrs est la semence de l'Église.* »

Tertullien (env. 155-230)

11 mai 330

La naissance de Constantinople

Constantin le Grand établit la capitale de son empire à Byzance

« *Le seul parmi tous les empereurs [...] Constantin fut initié par renaissance aux mystères du Christ – lorsque les cérémonies furent terminées, il revêtit les luxueux vêtements impériaux qui brillaient telle une lumière.* »

Eusèbe de Césarée (env. 260 – env. 339) décrivant le baptême de Constantin

L'inauguration a lieu le jour où la nouvelle ville de l'empereur Constantin est consacrée à la Vierge Marie lors d'une grand-messe célébrée en l'église Sainte-Irène. Mais pas question d'échapper au passé même en ces jours dédiés au christianisme. Les invocations à Tyché (Fortuna) dont le nom est associé à la ville se mêlent au son des prières des chrétiens. La légende veut que la foule en procession ait transporté dans le dédale des rues de la ville une statue de l'empereur avec, dans sa main tendue, la silhouette de Tyché. Depuis, chaque année, le jour de la fête des évangélisateurs, un cortège déambule dans la ville avec la statue de Tyché, portant une croix sur le front.

Alors que Constantin parade dans les rues de cette ville à laquelle il a donné son nom et qui est désormais la capitale de l'Empire romain, il admire les statues et les œuvres d'art pillées dans les villes et temples d'Europe et d'Asie. Quatre cent vingt-sept statues ont été apportées dans la capitale juste pour être exposées sur le parvis de la basilique Sainte-Sophie. L'objet le plus important du butin est une relique. Au cœur de la ville, sous le regard de l'empereur, est exposé un morceau de bois que la mère de Constantin, Hélène, a découvert en 327 alors qu'elle se rendait à Jérusalem. Il est dit que ce morceau de bois provient de la Vraie Croix sur laquelle le Christ serait mort. La croix s'élève au sommet d'un dôme soutenu par les quatre magnifiques arches d'un édifice, le Milion, à partir duquel sont calculées toutes les distances entre Constantinople et les provinces les plus reculées de l'Empire.

On trouve ces allusions païennes mélangées à une dimension chrétienne dans d'autres lieux. L'église Sainte-Irène a été construite sur le site de l'ancien lieu dédié au culte d'Aphrodite. À l'ouest du Milion se trouve la Mésé, grande avenue bordée de portiques, à proximité du forum de forme ovale, au sol de marbre. Là, s'élève une colonne de plus de 30 m de haut en porphyre importé d'Héliopolis en Égypte. La colonne repose sur un socle de marbre contenant, selon la légende racontée aux Romains d'Orient, les restes des cinq pains avec lesquels le Christ réussit à nourrir 5 000 personnes ainsi qu'une statue de la déesse Athéna, ramenée de Troie par Énée. Au sommet de la colonne se dresse une statue représentant l'empereur dont le corps est un Apollon, œuvre de Phidias, le plus grand des sculpteurs athéniens. La tête, elle aussi sculptée, représente Constantin surplombé d'une auréole de métal. La main droite tient un sceptre, symbole du pouvoir terrestre, et la main gauche un globe contenant un morceau de la Vraie Croix. L'arrivée de cette relique dans la Nouvelle Rome prouve que l'empereur a bénéficié pour gouverner de la permission et de la faveur de Dieu, ce qui lui donne le droit d'écraser ses ennemis pendant les batailles. Ces preuves de piété mélangées aux effets somptueux servent Constantin en cette année 330 qui, heureusement, correspond à son jubilé d'argent impérial.

La création de Constantinople

Quatre ans plus tôt, Constantin a organisé une cérémonie pour marquer la pose de la première pierre de la fortification ouest de la nouvelle capitale de l'Empire romain d'Orient. Comme l'Ancienne Rome, la Nouvelle Rome est construite sur sept collines – mais la construction sera beaucoup plus rapide. Comme il faut habiter et peupler les nouveaux bâtiments et les nouvelles rues, on fait venir des hommes et des femmes par centaines. Face à cette arrivée massive, les bateaux de l'est de la Méditerranée qui transportent des céréales sont obligés de changer de cap afin d'apporter leurs marchandises à Constantinople.

L'empereur Constantin a choisi de construire la capitale sur le site de la petite ville de Byzance particulièrement bien protégée. Avec, au sud, la mer de Marmara, Byzance est à la pointe d'un promontoire de forme triangulaire qui s'étend à partir de la Grèce continentale. Au nord-ouest, se trouve un estuaire aux eaux profondes, la Corne d'Or, et, à l'est, le détroit du Bosphore menant à la mer Noire. En face, les côtes de l'Asie.

Les événements qui ont marqué le règne de Constantin

Constantin est arrivé au pouvoir suite à une division à l'intérieur d'un très vaste empire. Depuis que Dioclétien a été proclamé empereur en 284, l'idée que l'empire est trop grand et qu'il est donc nécessaire de le diviser en plusieurs régions administratives a fait son chemin. Dioclétien s'est installé à Nicomédie en Bithynie alors que son co-empereur Maximien contrôle les territoires occidentaux. En 293, l'empire est divisé en quatre tétrarchies. En 305, Dioclétien décide d'abdiquer. Commence alors une longue période d'incertitude pendant laquelle s'affrontent les prétendants au trône. Constantin est le fils de Constance Ier dit Constance Chlore – lui-même co-empereur. Le père et le fils s'installent tous deux dans les provinces de Bretagne en attendant la dissolution imminente de l'Empire romain. Lorsque Constance Ier meurt à York en 306, Constantin est proclamé empereur par les légions de Bretagne mais se voit confiné dans les provinces de Bretagne et en Gaule. La même année, son rival, Maxence, est nommé empereur par la garde prétorienne à Rome. En 311, Constantin décide de marcher sur Rome afin d'y affronter Maxence. En 312, la bataille du pont Milvius sur la Via Flaminia à quelques kilomètres au nord-est de Rome se solde par une victoire décisive pour Constantin qui devient alors le seul dirigeant incontesté de l'Empire romain d'Occident.

Mais un autre événement a lieu sur cette même Via Flaminia, juste avant ou durant la bataille. Constantin prétend avoir une vision. À midi, comme le raconte Eusèbe de Césarée (historien officiel de Constantin), l'empereur voit, juste au-dessus du soleil, une croix de lumière portant l'inscription « *In hoc signo vinces* » (« par ce signe tu vaincras »).

Conforté par cette prémonition, Constantin se bat avec la fougue d'un chrétien. Au sortir du combat, il décide de devenir un empereur chrétien et le christianisme, après avoir été combattu sous le règne de Dioclétien, devient la religion officielle de l'Empire romain.

L'instauration du christianisme

En 313, à Milan, Constantin rencontre Licinius, son co-empereur qui règne sur la partie orientale de l'Empire romain. Tous deux promulguent l'édit de Milan qui accorde toute légitimité au christianisme et ce dans l'ensemble de l'Empire romain. Alors que le christianisme ne reconnaît qu'un Dieu, il devient évident qu'il ne peut y avoir qu'un empereur. Constantin et Licinius se livrent alors une guerre sans merci. Constantin prend le dessus sur son rival avant de le faire assassiner pour devenir le seul et unique dirigeant des Empires romains d'Orient et d'Occident. Parallèlement, la législation se conforme aux règles chrétiennes. La loi de 319 poursuit les assassins d'esclaves et, en 321, travailler le dimanche est interdit. Constantin abolit la crucifixion – jusqu'alors châtiment très répandu – et défend que certains criminels soient marqués au fer rouge. Sur le calendrier, à chaque jour correspond un saint.

En dépit de ces réformes, le paganisme résiste et, même si certaines pratiques sont interdites, les païens ne sont pas persécutés, car on a l'espoir que, peu à peu, le paganisme disparaisse de lui-même. Les Romains, après tout, croient en la tradition et il y a, par conséquent, des limites à ce qu'un empereur qui décide d'en imposer une nouvelle peut faire. L'hérésie chrétienne est une autre histoire. L'arianisme, croyance selon laquelle le Christ est l'homme parfait mais n'est pas divin, divise l'Église. Constantin utilise le pouvoir que lui confère son titre pour lutter contre cette doctrine. Il réunit le premier conseil œcuménique à Nicée qu'il préside, revêtu des robes impériales de couleur pourpre. C'est lui qui propose et trouve un compromis dans la formulation du Credo, les Nicéens disant que le Christ, Fils de Dieu est *homoousios* soit de même substance que Dieu le Père et les ariens qu'il est *homoiousios* soit de substance semblable. Arius d'Alexandrie, le chef des hérétiques, est condamné et la plupart de ses partisans acceptent le compromis. Une Église, un dirigeant et un Credo : voici les fondements sur lesquels est unifié le monde civilisé, le Credo de Nicée devenant de ce fait l'héritage théologique le plus important laissé par Constantin. L'empereur, qui à la fin de sa vie se donne le titre d'*isapostolos* signifiant littéralement « égal aux Apôtres », est un chrétien sincère bien que sanguinaire. Lorsque son fils Crispus qu'il a lui-même nommé césar en 317, devient trop populaire à son goût, il n'hésite pas à le faire assassiner. L'élévation de sa mère au rang d'Augusta suscite la jalousie de sa femme Fausta. Par dévotion filiale, Constantin fait assassiner sa malheureuse épouse.

Constantin entend bien faire de Rome une ville aussi chrétienne que Constantinople. C'est pourquoi il fait construire la basilique Saint-Pierre sur la colline du Vatican. Mais le sentiment républicain qui persiste à Rome ainsi que la loyauté envers les dieux païens font que les Romains ne seront jamais vraiment attachés à Constantin de même que l'empereur ne sera jamais vraiment attaché à Rome.

Le Sénat qu'il met en place à Constantinople ne sera jamais vraiment l'égal du Sénat de Rome en termes de prestige même si, à bien d'autres égards, Rome est devenue très provinciale. Les grands centres culturels sont en Orient, à Alexandrie et Antioche, où se trouvent des érudits et des bibliothèques de renommée universelle. Du point de vue économique, la péninsule italienne est également sur le déclin. En effet, la malaria sévit de plus en plus et, dans les provinces autour de Rome, le taux de natalité chute fortement. Sur le plan stratégique, Constantin doit regarder vers l'est d'où viennent les plus grandes menaces pour l'empire – les Sarmates autour du Danube inférieur, les Ostrogoths au nord de la mer Noire sans oublier l'Empire sassanide des Perses.

L'héritage laissé par Constantin

L'empereur ne parvint jamais à avoir l'unité ecclésiale dont il rêvait et l'arianisme fut toujours une force avec laquelle il fallut compter. Son souci d'imposer une unité par le haut ne fit que susciter des différends relatifs aux doctrines théologiques, différends qui se soldèrent souvent par des assassinats. Les plus grands esprits de Byzance furent ravis par cette théologie d'une excessive subtilité, ce qui explique pourquoi le terme « byzantin » est un adjectif qui désigne la complexité. Après la mort de Constantin en 337, l'empire connut un nouveau conflit alors que ses deux fils s'opposèrent mais l'héritage de la victoire remportée par leur père et la légende qui y est associée eurent un plus grand impact culturel que n'importe quelles conséquences politiques à court terme.

Si Constantin se sentait plus proche de la culture latine que de la culture grecque, l'Empire qu'il laissa derrière lui devient de plus en plus hellénique. Le concept d'une société chrétienne se mélangea avec l'héritage grec en Orient qui, comme l'Empire byzantin, perdurera (avec nombre de traumas) pendant plus de 1 100 ans. Constantin considérait la division comme un péché car il était profondément chrétien. Cependant, les conversions opportunistes étaient encouragées par deux éléments : d'une part, par le fait d'un dirigeant laïc, autoritaire sur le plan spirituel et despote par nature et, d'autre part, par le poids qu'avait la religion d'une Église présidée par un empereur chrétien. Après 330, jouissant d'une gloire certaine, le christianisme s'imposa en Europe, perdant de ce fait ce qu'il avait eu jadis – le côté dissident d'un mouvement clandestin. Néanmoins, la révolution imposée par Constantin fit en sorte que l'héritage d'une civilisation classique soit employé pour la cause du christianisme et soit, en fin de compte, réinterprété mais également préservé.

31 décembre 406

Une confédération de tribus germaniques franchit le Rhin

La mort lente de l'Empire romain d'Occident

« *[…] la lumière vive sur le monde tout entier s'éteignit […] l'Empire romain avait perdu sa capitale et […] tout l'univers avait péri avec une ville […].* »

Saint Jérôme (env. 340-420) décrivant le pillage de Rome

7 décembre 632

La mort de Mahomet

La naissance de l'Islam

« Au nom de Dieu, le Compatissant, le Miséricordieux. Lis ! Ton Seigneur est le très Noble, celui qui, par le calame, a enseigné à l'homme ce qu'il ne savait pas. »

Le Coran : première révélation faite à Mahomet

Mahomet, le mystique, le prophète, l'ancien caravanier et le fondateur de la religion islamique, est né à La Mecque en Arabie, ville où il retournera l'année précédant sa mort. Dix ans plus tôt, la réaction de la population locale qui s'était élevée contre sa prédication l'a poussé à quitter sa ville d'origine et à s'installer à Yathrib, ville-oasis à quelque 400 km au nord de La Mecque qui sera rebaptisée Médine. L'Hégire, de l'arabe *hijra* (« émigration »), est reprise dans le culte et le rituel islamiques. Comme c'est à La Mecque que tout commence, le Prophète, sachant que son heure est venue, décide d'y accomplir son « pèlerinage d'adieu ».

Dans la vallée d'Arafat, Mahomet donne un sermon qui sera en fait sa dernière déclaration, considérée comme le résumé le plus concis de sa doctrine. Ses fidèles doivent « savoir que tout musulman est le frère d'un musulman et que tous les musulmans sont frères ». Ils ne doivent pas se battre les uns contre les autres mais doivent combattre ensemble si nécessaire, afin que soit acceptée universellement la vérité selon laquelle « Il n'y a de dieu qu'Allah ». Les pauvres doivent être vêtus et aidés. Les musulmans ont droit à des égards de la part de leurs femmes mais « elles aussi ont droit à des égards de votre part ». « J'ai accompli ma mission et je vous laisse un guide sous la forme du livre du Seigneur et l'exemple de son Messager [...]. Vous n'échouerez pas si vous suivez ce guide. » De retour à Médine, Mahomet s'allonge dans sa chambre et dit : « Ô Mort, exécute les ordres que tu as reçus. » Les fidèles qu'il laisse derrière lui seront désormais dans l'obligation de faire leur propre pèlerinage (*Hadj*) à La Mecque au moins une fois dans leur vie de croyants.

La péninsule arabique

L'Arabie, tremplin qui permit à l'Islam de se développer aussi rapidement, aurait pu n'être qu'un désert mais joua en réalité un rôle de premier plan. Les différentes populations qui étaient installées dans cette zone reliant l'Afrique et l'Asie affichaient une tradition politique d'indépendance très prononcée, tradition qui sera maintenue contre l'Égypte et l'Abyssinie à l'ouest, contre l'Inde à l'est et contre la Mésopotamie et la Perse au nord. La tradition culturelle était également très forte – notamment avec la poésie. L'influence culturelle de l'Empire romain en Égypte et celle de l'Empire sassanide en Perse se faisaient également sentir, mais le déclin de ces deux empires, qui coïncida avec la naissance de Mahomet, laissa un vide en termes de puissance dans cette région qui sera conquise et colonisée par les armées fidèles au message du Prophète. Le commerce contribuait à la transmission des idées et des influences à travers l'Arabie, que traversaient les routes reliant les pays du Bassin méditerranéen, l'Inde et l'Afrique orientale. La Mecque était l'un des plus riches points de ravitaillement sur les routes empruntées par les caravanes, mais aussi une ville très importante sur le plan religieux avec la Kaaba, lieu de pèlerinage à l'endroit même où Adam serait arrivé après avoir été chassé du jardin d'Éden. En un mot, La Mecque était le lieu idéal où commencer une révolution religieuse, politique et militaire.

La vie et l'enseignement de Mahomet

Le message que Mahomet transmet depuis la première révélation vers 610 est simple : il n'y a de dieu qu'Allah et Mahomet est son prophète. Celui qui prononce ces mots devant des témoins pouvant attester de sa sincérité devient musulman. Allah juge l'humanité, impose une pratique religieuse quotidienne ainsi que la prière et le jeûne à une période déterminée. La religion islamique repose sur trois éléments essentiels : le Coran (*Qur'an*) qui reprend les paroles de Dieu révélées à Mahomet par l'archange Gabriel ; la Sunna et les *hadith* qui reprennent la vie et les enseignements du prophète et l'*ijma*, règle du consensus respecté par les fidèles dès lors qu'ils remplissent leur devoir religieux et prient. La simplicité du message est telle qu'il peut être entendu et compris par tous. Le fait que ce message s'adresse à tous de manière radicale et égalitaire est crucial. Tous les musulmans étant égaux, Mahomet se montre critique à l'égard de l'élite arabe au pouvoir. En insistant sur le devoir de charité que les dirigeants ont envers leurs sujets, qu'ils soient soldats ou généraux, l'Islam donne un nouveau pouvoir et une confiance en soi jusque-là totalement étrangère aux classes sociales les plus humbles. Cet aspect social se retrouve dans le rôle de médiateur que doit souvent jouer Mahomet à Médine pour tenter de résoudre les querelles qui opposent les tribus. Ses jugements sont repris dans le Coran qui donne des détails sur la gestion de la vie en société, les questions liées au droit de la propriété et la protection des héritages.

Dans un premier temps, les enseignements de Mahomet sont accueillis avec raillerie et suspicion. La religion qu'il prône est austère et monothéiste. Mahomet rejette avec conviction les pratiques religieuses locales qui pour lui ne sont ni plus ni moins que de l'idolâtrie. Ce type d'iconoclasme est dangereux à La Mecque, devenue ville de de pèlerinage majeur – et riche. Néanmoins, Mahomet parvient progressivement à convertir certaines tribus arabes à la religion qu'il défend. En 624, il fait prendre les armes à quelque 300 fidèles et met en déroute une armée envoyée pour les supprimer. En 628, à la tête d'environ un millier de fidèles, il part pour La Mecque, détruit les idoles dans la Kaaba et transforme le sanctuaire en un lieu de pèlerinage qui suit les doctrines de la nouvelle religion. Peu après démarra une longue guerre expansionniste, car les tribus arabes, fuyant la sécheresse affectant toute la péninsule, quittent leurs terres pour les régions proches du Moyen-Orient.

Les successeurs de Mahomet

À la mort de Mahomet, son beau-père, Abou Bakr, devient le premier calife (« successeur ») du prophète. En 634, Omar lui succède. À la tête de fidèles, le deuxième calife part à la conquête de la Syrie et de la Palestine. Damas tombe en 635 et Jérusalem en 638. En 637, la prise de Ctésiphon entraîne la chute de l'Empire perse. Lorsque les Byzantins quittent Alexandrie en 642, l'Égypte passe sous le contrôle des musulmans. Une flotte arabe est mise en place pour protéger le port d'Alexandrie. À l'ouest, Cyrène et Tripoli sont envahies. Les Arabes sont maintenant aux portes de la Tunisie et deviennent la plus grande puissance navale du Bassin méditerranéen.

Ces différentes victoires sont dues à la rapidité de déplacement de l'armée arabe. Un nouveau défi doit alors être relevé : comment transformer des nomades en administrateurs sur une seule génération ? Des villes comme Bagdad et Fostat (qui plus tard deviendra Le Caire) sont construites et les islamiques se partagent les administrations politiques, juridiques et financières. Dans un premier temps, les missionnaires n'obligent pas leurs nouveaux sujets à se convertir. Ils ne sont là qu'à des fins militaires et les religions en place – y compris le christianisme et le judaïsme – sont respectées. Après tout, Mahomet n'a t-il pas souligné être le descendant spirituel d'Abraham, fondateur d'une foi monothéiste commune dont se seraient inspirées les trois religions ?

La personnalité même du calife arabe et musulman a contribué à renforcer les liens entre les différents groupes devenus un seul et même peuple, même si Omar se voit, de ce fait, exposé à certains risques et doit relever nombre de défis. En 644, il est assassiné. Son successeur et cousin, Othman, n'a pas la ferveur de ses prédécesseurs et l'Islam en subit les conséquences. Ali, le mari de la fille du Prophète, fait assassiner Othman en 656 et devient ainsi le quatrième calife. Ali entend bien redonner à l'Islam tout son pouvoir. Mais la mise en place d'une dynastie sera nécessaire pour réunir et consolider les conquêtes islamiques en une puissance impériale. Mu'âwiya, le cousin d'Othman, est le gouverneur de Damas. Nommé calife, il franchit une étape cruciale lorsqu'il décide de rompre avec la tradition arabe (califat électif) et désigne son fils pour lui succéder (califat héréditaire). La dynastie omeyyade qu'il a mise en place fait de Damas une ville impériale. Des pièces de monnaie sont frappées, des Grecs et des Syriens sont nommés à des postes officiels et la grande mosquée des Omeyyades est construite au cœur même de la vieille ville. La mosquée est, aujourd'hui encore, considérée comme le plus bel édifice religieux de l'Islam.

Au début du VIIIe siècle, la dynastie omeyyade a conquis la Transoxiane, la vallée de l'Indus et l'Hispanie – des conquêtes à la hauteur de celles d'Alexandre le Grand. Moins d'un siècle après la mort de Mahomet, ses fidèles sont les maîtres de la Méditerranée, du Bosphore à l'Égypte et de la Palestine à l'Hispanie.

L'héritage islamique

Le monde islamique est désormais constitué d'une kyrielle de villes plus ou moins grandes avec à chaque fois la même structure de base : les *souks* où sont vendues et achetées les marchandises, les *madras* où les érudits dispensent leurs connaissances et la *mosquée*, lieu de culte. L'Islam entend être reconnu comme le garant des connaissances classiques. Afin d'être transmis aux générations futures, les textes grecs et latins sont traduits en arabe par des érudits islamiques. Si l'Islam garantit l'unité religieuse et des institutions sociales communes, c'est l'arabe qui devient la langue officielle (il est interdit de traduire le Coran). Cette civilisation est également riche sur le plan matériel. En effet, située au cœur de l'économie la plus avancée dans le monde, elle profite des voies commerciales à l'est mais aussi des céréales et de l'or, de l'ivoire et de la soie transportés par les caravanes dans tout le Sahara et le Turkestan.

Les divergences portant sur le successeur légitime de Mahomet auront un impact négatif sur l'Islam. Les partisans d'Ali, assassiné en 661, virent en lui le dernier calife légitime dans la mesure où il était de même sang que le Prophète et, de ce fait, refusèrent l'autorité des nouveaux dirigeants islamiques. Une nouvelle branche de l'Islam, le chiisme, vit le jour. Les chiites, ouverts au mysticisme et sensibles aux messages cachés du Coran, se différenciaient des sunnites qui suivaient l'ordre établi des califes.

La nature du califat en tant qu'institution était en proie au changement. À la dynastie omeyyade succéda celle des Abbassides qui, en 762, fit de Bagdad la capitale de l'Islam. C'est là que, peu à peu, le calife mit en place un cérémonial quasi royal influencé par les traditions de la royauté perse. Vers le Xe siècle, le califat évolua vers un rôle purement spirituel et le monde de l'Islam fut dorénavant constitué d'un certain nombre d'États indépendants, chacun gouverné par ses propres dirigeants. Toutefois, le concept d'une civilisation unie et cohérente survécut à ces changements politiques. La culture islamique resta fidèle au message qui lui était parvenu du désert au début du VIIe siècle et à la mémoire du Prophète qui avait toujours vécu en accord avec sa vérité.

11 octobre 732

La bataille de Poitiers

Charles Martel l'emporte sur les Maures

« *Pour ce qui est des peuples du quadrant nord [...] notamment les Francs – leurs croyances religieuses manquent de consistance, et cela est dû au froid qui prévaut dans ces régions et au manque de chaleur.* »

Réflexion d'Al-Masudi (env. 896 – env. 856)

La victoire des Francs sur les forces arabes d'Abd el-Rahman dans la plaine entre Tours et Poitiers met fin aux ambitions expansionnistes de la dynastie omeyyade (661-750) qui, depuis sa capitale Damas, règne sur le sud de la Méditerranée où l'islamisation progresse rapidement. La conquête de Carthage a confirmé la domination des Arabes en Afrique du Nord, de l'Égypte au Maghreb. En 711, une armée arabe franchit le détroit de Gibraltar et détruit le royaume des Wisigoths qui couvre la plus grande partie de la péninsule Ibérique. L'Hispanie wisigothique est devenue officiellement catholique suite à la conversion de Récarède Ier (586-601) jusqu'alors arien – l'arianisme étant un courant de pensée qui ne voit pas en Jésus un être divin. La monarchie wisigothique sera finalement remplacée en 756 par l'émirat de Cordoue, dont le gouvernement sur la majorité du pays durera jusqu'au XIe siècle, lorsque débute la campagne pour la rechristianisation de la péninsule Ibérique ou *Reconquista.*

Charles Martel et la bataille de Poitiers

Charles « Martel » (le marteau), qui conduit les Francs à la victoire de Poitiers en 732, est le fils illégitime du tout aussi formidable Pépin le Jeune qui fut le maire du palais d'Austrasie. C'est la famille de Charles Martel qui donne vie à l'unité des Francs sous la souveraineté ininterrompue mais peu affirmée des Mérovingiens ce qui explique une unité aussi tardive. En 687, à la bataille de Tertry dans la Somme, Pépin le Jeune l'emporte sur le maire du palais de Neustrie et prend alors le contrôle de la Frise sur la côte nord-est. Les régions au sud de la Loire, dans le duché d'Aquitaine et en Bourgogne, échappent cependant à son contrôle. Charles Martel poursuit le travail de son père. Ce sont ses victoires qui lui valent le surnom de Martel. En effet, il écrase littéralement dans un bain de sang les troupes du roi de Neustrie lors de la bataille de Vinchy et met tout aussi violemment fin aux aspirations sécessionnistes des Frisons, des Alamans, des Bourguignons et des Provençaux.

Lors de la bataille de Poitiers, dans la plaine qui s'étend entre Poitiers et Tours, quelque 15 000 fantassins sans armure affrontent plus de 60 000 cavaliers arabes qui portent soit des armures soit des cottes de maille – ce sont les premiers « vrais » chevaliers de l'histoire. Pendant six jours, les deux camps se font face. Les hommes de Charles Martel se positionnent de manière à dessiner un carré et attendent sur la défensive que l'ennemi attaque. Charles Martel est persuadé que les Arabes, qui n'attendent qu'une chose – piller Tours – vont bientôt livrer bataille. Les cavaliers arabes ont du mal à se mouvoir et perdent l'avantage qu'ils ont sur les fantassins francs. L'armée arabe essaie alors de détruire la « muraille humaine » qui lui fait face mais, comme on le rapportera plus tard, « les Maures se heurtèrent à une mer immobile ». Après une journée de combat, la cavalerie arabe apprend que des éclaireurs francs, envoyés par Charles Martel, sont arrivés à leur campement et menacent de voler leur butin. L'armée décide alors de quitter le champ de bataille. Abd el-Rahman est tué. Le lendemain matin, les Francs découvrent que toute l'armée ennemie est partie.

L'armée arabe, qui remontait vers le nord à travers l'Hispanie, espérait tirer profit des divisions apparues pendant le VIIe siècle au sein du royaume des Francs qui, désormais, comprenait le centre de la Gaule et qui était, en principe, gouverné par la dynastie mérovingienne. Vers 718, les Arabes occupaient l'enclave de Septimanie y compris Narbonne au sud de la France, encore aux mains des Wisigoths. C'était de là que les hommes des tribus berbères d'Afrique du Nord étaient envoyés par les Arabes à la conquête de la Gaule. En 721, ils essuyèrent une défaite non loin de Toulouse et ils se virent obligés de remonter dans la vallée du Rhône. Après avoir pillé la ville d'Autun, ils repartirent vers l'ouest pour prendre d'assaut l'Aquitaine avant de continuer leur route en direction de Poitiers où ils découvrirent, à leurs frais, les racines profondes de la civilisation des Francs.

L'émergence des Francs

Entre le milieu du IIIe siècle et le Ve siècle, la tribu des Francs (de *frekkr*, signifiant « hardi » ou « courageux » en vieux germain) s'était étendue de la frontière du Rhin vers le sud-ouest et dans la Somme. Les victoires des fantassins s'expliquaient par le fait que chaque homme portait ses propres armes : le bouclier, la francisque pour briser les lignes de front ennemies, l'arc et la lance, l'angon et le javelot utilisés pour les attaques à longue distance, le scramasaxe (sorte de coutelas) et l'épée pour les combats de corps à corps.

Clovis – ou Chlodwig signifiant « chemin menant à la gloire » – (env. 466-511) mit fin à ce qu'il restait du gouvernement romain en Gaule avec la conquête du royaume du général romain, Syagrius, et prit le contrôle sur le territoire entre la Somme et la Loire. Entre 496 et 500, il repoussa les Alamans installés dans l'est de la Gaule jusqu'au Rhin supérieur. Mais Clovis se rendit compte que, pour prendre le contrôle de la Bourgogne et des régions d'Aquitaine aux Wisigoths, il avait besoin du soutien des populations gallo-romaines qui vivaient là. Or ces populations étaient catholiques et considéraient d'un mauvais œil les ariens.

Clovis était marié à Clotilde, bourguignonne catholique ayant une forte influence sur son mari. Clovis décida de se faire baptiser par l'évêque Rémi à Reims. Sa campagne, qui commença avec la bataille de Vouillé et se termina à Toulouse, fut acclamée par les catholiques originaires d'Aquitaine qui virent en elle une guerre de libération. Les Francs et les Gallo-Romains s'unirent alors comme ils l'avaient fait précédemment dans une région au nord de la Seine portant le nom de « Francia ».

Cette union contrastait avec le régime d'un autre envahisseur germanique, Théodoric le Grand. En Italie, celui qui fut roi des Ostrogoths de 493 à 526 prôna la ségrégation entre les Goths et les Romains et interdit les mariages mixtes. Pour remercier les Goths d'avoir fait la guerre à ses côtés, Théodoric le Grand leur avait distribué un tiers des terres disponibles. L'administration civile était entre les mains des Romains et la civilisation italo-romaine ne survécut que parce qu'elle avait

25 décembre 800

Le couronnement de Charlemagne

La naissance du concept européen

« *Que la paix, l'harmonie et l'entente règnent parmi les chrétiens [...] car sans la paix nous ne pouvons contenter Dieu [...].* »

Charlemagne, l'*Admonitio generalis* (Exhortation générale), 789

Le jour de Noël de l'an 800, Charles Ier, roi des Francs (768-814) et des Lombards (774-814), assiste à la messe célébrée à la basilique Saint-Pierre de Rome par le pape Léon III. Le roi, qui prendra le nom de Charlemagne (du latin *Carolus Magnus* signifiant Charles le Grand) connaît bien le pape dont il a une très mauvaise opinion. En effet, l'année précédente, le pape s'est réfugié à Paderborn, où se trouve la cour de Charlemagne, pour fuir la noblesse romaine qui s'est rebellée contre les règles imposées par le souverain pontife. En novembre de l'an 800, le roi s'est rendu à Rome pour rendre à l'Église son pouvoir et ses territoires ; grâce à quoi, le 23 décembre, Léon III est publiquement disculpé des charges de mauvaise gestion qui pèsent sur lui.

Le monarque, agenouillé pour prier dans la basilique, est un homme au physique imposant et, alors que lui-même sait à peine écrire, il inspire la première biographie rédigée par un laïc. Dans un ouvrage intitulé *Vie de Charlemagne*, l'historien Éginhard décrit un homme d'une stature hors du commun, à la carrure large et robuste, à la chevelure grise mais abondante et « aux yeux vifs et plutôt grands ». « Assis ou debout, il impressionne par sa dignité et son autorité. Les proportions harmonieuses de son corps font oublier son cou gras et court et son ventre quelque peu saillant. » « Sa voix qui tend vers les aigus surprend chez un homme de cette corpulence. »

Le couronnement de l'empereur

En ce jour de Noël, la noblesse romaine assiste à la messe qui est toujours perçue comme un événement à part. Ayant fini de prier, Charlemagne se lève. C'est alors que le pape Léon III lui pose sur la tête un petit anneau d'or en guise de couronne impériale avant de s'incliner devant le nouvel empereur à la manière des Romains et des Byzantins, montrant ainsi sa reconnaissance envers son protecteur. L'assemblée acclame l'empereur : « À Charles Auguste, couronné par Dieu, puissant et pacifique empereur des Romains, vie et victoire ! »

L'assemblée a une bonne raison de faire les louanges du nouvel empereur qui a réussi à assujettir les Lombards, leurs ennemis de toujours, dans le nord de l'Italie. Toutefois, le couronnement de Charlemagne sera très controversé dans la mesure où il semblerait que Léon III n'ait pas été habilité à le faire. Selon Éginhard, Charlemagne aurait été pris par surprise. Cette hypothèse est elle-même remise en question par le simple fait que Charlemagne serait arrivé dans la basilique revêtu de la tunique traditionnelle romaine et de la saie. Ces vêtements symbolisent que le roi accepte de redonner vie au titre impérial. L'idée que Charlemagne puisse être empereur n'est pas non plus nouvelle pour les érudits qui se sont réunis à la cour d'Aix-la-Chapelle après avoir, des années durant, fait campagne pour que leur chef soit reconnu comme le maître suprême.

La Rome antique est omniprésente dans la structure même d'Aix-la-Chapelle. En effet, le palais est construit avec des pierres provenant des ruines de bâtiments romains de Trêves et de Cologne. Une certaine humilité et un manque d'assurance sont, toutefois, perceptibles en ce 25 décembre. En effet, Charlemagne sait pertinemment que son couronnement ne peut que mettre en colère les empereurs grecs de Byzance, qui se considèrent comme les seuls héritiers légitimes pouvant prétendre au titre d'empereur, même si leur revendication est quelque peu affaiblie par le fait que, en l'an 800, ils sont dirigés par une femme, l'impératrice Irène. Le geste du pape Léon III sera utilisé plus tard par la papauté pour prouver qu'elle a toute autorité pour transférer l'*imperium* romain des Byzantins à un dirigeant occidental. Mais en ce 25 décembre, Léon III n'agit que dans ses propres intérêts. D'un point de vue pragmatique, Léon III a besoin d'un protecteur puissant car l'Empire grec revendique à nouveau la possession de la Sicile et du sud de l'Italie. Il y a fort à parier que Charlemagne n'est pas dupe et comprend parfaitement que son couronnement n'a pour but que de servir les désirs personnels d'un pape peu regardant. Pour preuve, 13 ans plus tard, Charlemagne décide que c'est lui, et non le pape, qui couronnera son fils Louis pour qu'il dirige avec lui l'empire et qu'il lui succède à sa mort. Plus significatif peut-être encore : le couronnement n'aura pas lieu à Rome mais à Aix-la-Chapelle.

Les origines de l'Empire franc

Les Francs sont convaincus qu'ils sont une race élue et qu'ils sont les héritiers légitimes des Empires perse, grec et romain. Si, sur le plan politique, les papes ne sont pas dérangeants, c'est Dieu, comme le prouvent les acclamations de la noblesse franque réunie, qui nomme les empereurs. Charlemagne sait que, du fait de son nouveau statut impérial, il doit maintenant faire preuve de diplomatie. Seule la destitution de l'impératrice Irène met fin aux suggestions de ses conseillers qui le poussaient à la prendre pour épouse afin de marquer la réconciliation de l'Orient et de l'Occident – une entreprise quelque peu risquée même pour Charlemagne dans la mesure où l'impératrice n'a pas hésité à faire crever les yeux de son fils, Constantin, qui menaçait de prendre le pouvoir.

Pour retrouver les origines du royaume des Francs, il faut repartir dans la région de la Meuse et de la Moselle, aux actuelles frontières de la France, de l'Allemagne, de la Belgique et des Pays-Bas. Pépin le Bref, le père de Charlemagne, a mis un terme à la dynastie des Mérovingiens et s'est fait élire roi en 751. Les victoires personnelles de Charlemagne font de l'Europe occidentale le plus grand État chrétien : seuls les îles Britanniques, le sud de l'Italie et le royaume des Asturies en Espagne ne font pas partie de l'Empire. Charlemagne veut réunir sous sa coupe les tribus germaniques des Saxons, des Alamans, des Bavarois et des Thuringiens. La Bavière, conquise en 778, est déjà chrétienne mais les Saxons qui occupent ce qui est maintenant la Saxe inférieure et la Westphalie sont païens. À partir de 778, les Saxons ne cessent de se rebeller contre le gouvernement des Francs et la structure de l'Église qui leur ont été imposés par la diète de Paderborn. Charlemagne lance dix-huit fois son armée contre les Saxons qui seront finalement maîtrisés en 804. S'ensuivent des exécutions massives. Les survivants sont contraints et forcés de se convertir. Cette politique est fortement critiquée.

Charlemagne conquiert également le royaume des Avars (actuelle Hongrie et Haute-Autriche) après trois campagnes. L'Elbe devient alors la frontière naturelle entre les Francs et les Slaves du Nord. Charlemagne essuie une seule et unique défaite en 778 à Saragosse. Les troupes franques quittent alors l'Espagne.

L'empire de Charlemagne est divisé en comtés dirigés par des comtes, qui devaient eux-mêmes rendre des comptes à des hauts commissionnaires allant de comté en comté. Le territoire est également divisé en 21 archevêchés, l'Église étant chargée d'éduquer les sujets. Chaque année, les archevêques et les comtes se réunissent à la cour afin de traiter de sujets juridiques, militaires et ecclésiastiques. Du fait de la nature missionnaire et expansionniste de l'Empire, les deux assemblées sont pratiquement indissociables.

Lors de ces assemblées, Charlemagne prend des décrets tant dans le domaine juridique que dans le domaine administratif. Certains décrets sont consignés sous forme de capitulaires même si la plupart sont oraux et conformes au modèle de Salomon qui imprègne les premières royautés médiévales : ce modèle insiste sur le fait que c'est au roi de dire personnellement ce qui est bien et ce qui est mal. À Aix-la-Chapelle, le trône de Charlemagne est situé, tout comme le trône de Salomon, en haut d'un escalier. Dans un autre ordre d'idée, les nombreuses concubines et maîtresses qui viennent s'ajouter aux cinq épouses successives de l'empereur rappellent également la vie privée de Salomon.

Charlemagne est un monarque qui aime se déplacer ; il finit par s'installer définitivement à Aix-la-Chapelle lorsque son âge avancé rend les voyages difficiles. En été, il part en campagne et, en hiver, il va de palais en palais, voulant montrer à l'ensemble de ses sujets que c'est lui et lui seul qui dirige l'Empire.

La civilisation carolingienne

Le nom de Charlemagne est associé à la renaissance carolingienne, elle-même indissociable du palais et de la cour d'Aix-la-Chapelle. Le fait qu'il encourage les érudits à venir à Aix-la-Chapelle contribue au renouveau en Europe de la notion suivante : le souverain est le protecteur de l'enseignement. Il fait construire une bibliothèque qui regroupe les textes d'auteurs classiques mais aussi des textes écrits par les premiers pères de l'Église et fonde l'Académie palatine dont le rôle est d'éduquer les jeunes chevaliers francs.

Une écriture – la minuscule caroline –, une liturgie et un code juridique sont imposés aux quatre coins de l'empire : la civilisation carolingienne repose sur l'idée qu'une pensée claire s'énonce clairement. Les questions de l'unité impériale et de la véritable autorité viennent de l'idée que Charlemagne a de Dieu, être suprême, et du Christ, seigneur tout puissant. Ce christianisme manifestement orthodoxe s'oppose délibérément à un monde dans lequel la magie et le paganisme captivent toujours les esprits des simples et des illettrés.

La désintégration et la réforme d'un empire

L'unité carolingienne avait toujours été plus un idéal qu'une réalité applicable. L'administration n'était pas permanente, l'armée de terre et la marine n'étaient pas constituées d'hommes de métier. Les tentatives pour mettre en place une économie reposant sur l'argent avaient échoué et la prédominance d'une culture agraire ouvrait la voie aux institutions féodales. La désintégration de l'Empire à la mort de Charlemagne n'avait donc rien d'étonnant. Le règne du malheureux Louis le Pieux, qui lui succéda, s'acheva avec des querelles opposant les fils qu'il avait eus d'un premier et d'un second mariages. Le traité de Verdun en 843, signé par les petits-fils de Charlemagne, fut un événement capital dans l'histoire de l'Europe. Les territoires du vieil empire furent partagés en trois avec la Francie orientale qui regroupait les territoires germaniques, la Francie occidentale qui comprenait les territoires français et, au milieu, un royaume qui s'étendait de ce que sont aujourd'hui la Belgique et la Hollande jusqu'au nord de l'Italie en passant par la Bourgogne. La Francie médiane ou Lotharingie était dirigée par Lothaire Ier qui échut d'un titre impérial à présent dépourvu de signification universelle. L'histoire de la France et de la Germanie commença à Verdun sous la forme d'une lutte franco-allemande pour définir à qui revenait le contrôle de ce royaume tampon. Plus d'un millénaire plus tard, en 1916, Verdun sera une fois encore le site d'une terrible et longue bataille opposant les deux pays animés par une même soif de conquête.

L'Europe du IXe siècle, convoitée au nord par les Vikings et au sud par les Sarrasins, menacait de redevenir un morcellement d'États écrasés par les barbares. Il fallut attendre le Xe siècle et la dynastie ottonienne des princes saxons pour que l'Europe se sortît de cette situation. En 955, à la bataille du Lechfeld, près d'Augsbourg (Bavière), Otton Ier battit une importante force hongroise et repoussa les peuples slaves au-delà de l'Elbe. C'est ainsi que commença la politique allemande de la conquête de l'Est qui durera, par intermittence, jusqu'en 1945. Otton avait été choisi pour roi par cinq tribus – les Bavarois, les Francs orientaux, les Souabes, les Thuringiens et les Saxons dont il est déjà le souverain. Son élection, sa consécration et sa montée sur le trône eurent lieu, dans la plus pure tradition carolingienne, à Aix-la-Chapelle en 936. Le 2 février 962, Otton fut couronné empereur par le pape Jean XII à Rome. Cette date marqua le début officiel du Saint Empire romain germanique (ou Saint Empire) et, à partir de ce jour, le titre impérial fut spécifiquement associé aux territoires germaniques. Les évêques, les abbés, les soldats et les nobles saxons, qui avaient rétabli un ordre impérial sacré et romain aux Xe et XIe siècles, l'avaient fait en hommage à l'idéal carolingien. La campagne entreprise par Charlemagne pour convertir leurs ancêtres païens à la pointe de l'épée avait remarquablement porté ses fruits.

27 novembre 1095

Le pape Urbain II lance un appel à la première croisade

Les Francs déclarent la guerre sainte

« *Que ceux qui se sont lassés jusqu'à détruire leurs corps et leur âme travaillent maintenant pour l'honneur de ce corps et de cette âme.* »

Appel de Clermont prononcé en 1095 par le pape Urbain II (1042-1099)

25 août 1227

La mort de Gengis Khan

Le fondateur de l'Empire mongol

« Une équipe internationale de généticiens a fait une découverte étonnante : plus de 16 millions d'hommes d'Asie centrale ont le même chromosome Y que le grand dirigeant mongol. »

Robin McKie, *The Observer* du 2 mars 2003

La nouvelle de la mort du dirigeant qui unifia les différentes tribus mongoles se propage dans un empire qui s'étend désormais de la mer Caspienne à l'ouest, aux frontières orientales de la Chine à l'est, de la Sibérie au nord, au Tibet et à la Chine centrale au sud. Les régions frontalières de la civilisation asiatique ont été les premières à subir l'impact destructeur d'une vague de conquêtes qui, émergeant de la steppe de l'Asie centrale, a transformé les vies sédentaires de ceux qui vivaient confortablement à l'intérieur de ces frontières. Des chroniqueurs de l'époque font état du contraste entre la mobilité troublante des guerriers nomades et l'existence stable et tranquille de leurs victimes. Pour eux, ce contraste n'est ni plus ni moins ce qui différencie la barbarie de la civilisation. Mais la politique de terreur imposée par le gouvernement mongol porte également les marques d'une intelligence stratégique qui exploite une réputation de violence.

La réussite de « Gengis Khan » (de son vrai nom, Temüdjin) repose sur les querelles intestines qui opposent les tribus rivales. Des membres de la tribu tatare ont empoisonné son père, Yesügei. Le clan royal bordjigin, auquel appartenait ce dernier, abandonne la famille du défunt. Le jeune Temüdjin se voit donc contraint de mener une vie nomade, connaissant la privation, se nourrissant de racines et de poisson au lieu du lait de jument et de la viande de mouton qui constituent l'alimentation de base d'un guerrier mongol. Toghril, le Khan (dirigeant) de la tribu des Kéraït, décide d'aider Gengis à réunir les tribus qui s'étaient toujours montrées loyales envers le père du jeune homme. À la tête de 20 000 hommes, Gengis part en guerre contre les Tatars. Il écrase la tribu Merkit établie au nord de la Mongolie, sa plus grande ennemie, et anéantit la noblesse du clan Jürkin. Les premiers partisans de Gengis sont des hommes qui lui ressemblent – des combattants qui n'ont jamais connu le pouvoir, leur clan ayant subi des défaites. Gengis se sert de ces hommes pour former une armée mongole commandée par des officiers choisis en fonction non pas de leur ascendance mais de leurs compétences. Ces hommes ordinaires se voient ainsi soudainement propulsés à la tête d'unités composées de 10 000 guerriers.

Les premières campagnes révèlent les méthodes particulières utilisées par Gengis : les massacres sont fréquents ; des agents sont envoyés en éclaireurs pour démoraliser et diviser les garnisons et les habitants de villes ennemies ; les populations sont écrasées même lorsqu'elles capitulent. Gengis ne laisse derrière lui aucun ennemi en vie. Lorsqu'il prend le dessus sur les Tatars, il décide de tuer tous ceux dont la taille dépasse l'essieu d'un chariot. Il rompt l'alliance passée avec Toghril et disperse la tribu des Kéraït, dont les membres deviennent les esclaves et les hommes de troupe de sa propre escorte et de l'armée mongole.

début du XVIe siècle et la moitié du XVIIIe siècle, et qui essaiera de convertir les hindous à l'islam, est un héritage mongol important. En effet, Bâbur, fondateur de la dynastie moghole et empereur de l'Inde de 1526 à 1530, descend du côté de sa mère de Djaghataï, le second fils de Gengis Khan.

Plusieurs régions de l'Empire mongol acquièrent leur propre identité locale. La classe gouvernante de la Horde d'Or en Russie devient musulmane et turque tout en régnant sur des sujets russes orthodoxes (une division qui explique la désintégration de la Horde d'Or). La dynastie qui règne sur le Il-Khanate de Perse (subordonné aux souverains de Mongolie et de Chine) a eu le contrôle de l'Irak, du nord de la Syrie et de l'Anatolie centrale mais aussi du plateau iranien après l'occupation de Bagdad en 1258, qui met fin à la dynastie des Abbassides. Mais les dirigeants deviennent progressivement Perses et musulmans, ce qui laisse présager la désintégration future de leur autorité. Le Grand Khanate de Chine se sinise même si les barbares persistent à garder certaines de leurs coutume, dont celle d'utiliser leur urine pour se laver, ce qui heurte considérablement la sensibilité chinoise ! Le mode de vie dans les steppes survit en Mongolie centrale, région la plus pauvre de tous les territoires mongols. Dans cette partie de la Mongolie, les tribus retrouvent leur influence mais la réaffirmation du pouvoir héréditaire rival rend précaire toute confédération politique des tribus. Même le nouvel Empire mongol résultant des conquêtes de Tamerlan – littéralement Timur le Boiteux – disparaîtra à la mort du souverain en 1405.

Le déclin de la Horde d'Or

Le dépeuplement et les maladies touchèrent durement les Mongols. La grande constante dans l'histoire eurasienne depuis le début du premier millénaire était l'arrivée régulière de migrants en provenance de la steppe. Mais la peste bubonique, maladie infectieuse mortelle transmise par les rongeurs vivant dans la steppe, fit considérablement baisser la population dès le XIVe siècle avant de se propager vers l'Europe occidentale où elle sera surnommée la « peste noire ». De plus, la technologie militaire avait remplacé les arcs et les flèches des cavaliers mongols. Les Mongols ont découvert la poudre à canon en Chine mais, nomades ou sédentaires, ils eurent du mal à se procurer les pistolets avec lesquels sont armées les puissances eurasiennes de l'ouest. La steppe mongole était convoitée par la Russie et la Chine. Dès la fin du XVe siècle, les Russes prirent le contrôle sur la steppe et les forêts au nord de l'Eurasie et, en 1480, Ivan III, le grand prince de Moscou, refusa de payer le tribut imposé par la Horde d'Or. En 1556, l'armée russe contrôlait toute la vallée de la Volga et franchissait les monts de l'Oural. En 1639, les troupes atteignirent le Pacifique et une augmentation tangible de la population russe favorisa le repeuplement de l'Ukraine et de la Sibérie que ne troublait, jadis, que l'écho des sabots des poneys mongols.

29 mai 1453

La chute de Constantinople

L'Europe face au défi ottoman

« *L'araignée tisse les rideaux dans le palais des Césars.* »

Le sultan victorieux, Mehmet II, entre dans la basilique Sainte-Sophie
de Constantinople et médite

En 1453, Constantinople est tout ce qu'il reste de l'Empire byzantin. La ville a été défendue par moins de 7 000 hommes confrontés à 80 000 Turcs qui ont établi leur campement au pied des murailles de la ville. Ils obéissent à un jeune sultan de 20 ans, Mehmet II, qui régna une première fois de 1444 à 1446 puis une seconde de 1451 à 1481. Toute la province de Thrace à l'ouest de la ville a été ravagée et la flotte turque est rassemblée à Gallipoli. Les douves autour de Constantinople ont été creusées et remplies d'eau. Le 2 avril 1453, les Turcs assiègent une dernière fois la ville. Les portes sont fermées et une grosse chaîne en fer barre la Corne d'Or afin d'empêcher les navires de passer. Le sultan ordonne alors à ses hommes de hisser les navires sur la rive et, d'un seul coup, la Corne d'Or n'est plus un port grec mais tombe aux mains des Turcs.

Les Turcs donnent l'assaut vers 1 h 30 du matin le mardi 29 mai. Les forces irrégulières sont suivies par les Anatoliens, qui eux-mêmes sont suivis par les janissaires – la garde personnelle du sultan – marchant en rangs réguliers au rythme d'une musique militaire. Le sultan les conduit jusqu'aux douves puis leur ordonne d'escalader les palissades. Juste avant que le jour se lève, Giovanni Giustiniani Longo, chargé de la défense des murailles, est blessé. Une petite porte est alors ouverte afin de lui permettre de quitter le champ de bataille. Le contingent génois composé de 700 hommes qu'il commandait franchit aussi la porte avant qu'elle ne se referme. Les Grecs qui battent en retraite ont également laissé ouverte une autre porte vers laquelle les Turcs se précipitent. L'empereur Constantin XI s'avance alors à pied vers l'ennemi.

Constantinople est mise à sac. Les Turcs massacrent tout sur leur passage. La basilique Sainte-Sophie dédiée à la sagesse divine qui, du point de vue architectural, est l'apothéose du christianisme, devient une mosquée. Construite entre 532 et 537 à la demande de l'empereur Justinien, cette basilique est le troisième édifice religieux bâti sur le site. Le fait qu'elle devienne une mosquée est la preuve la plus poignante de la destruction d'une civilisation vieille de plus de mille ans. Le 21 juin, le sultan victorieux quitte Constantinople pour rejoindre sa cour européenne d'Andrinople. « Cette ville n'est plus que pillage et dévastation » murmure t-il alors qu'il chevauche au milieu d'un décor en proie à la désolation. Pour les Grecs, le mardi est, aujourd'hui encore, le jour de la malchance.

L'ascension de l'Empire ottoman

La force qui a écrasé la dernière expression politique de la culture chrétienne grecque et, de ce fait, a éteint la dernière flamme vacillante de l'ancien Empire romain, est la machine militaire la plus performante jamais produite dans l'histoire de l'Islam.

Les Turcs ottomans descendaient des habitants de « Tartarie », steppe turco-mongole d'Asie centrale. Ils parlaient l'une des langues turciques – dont font partie le tatar, l'ouzbek et le kazakh – communes en Mongolie et en Sibérie. L'arrivée des Ottomans aux portes de Constantinople était la dernière étape d'une série d'avancées vers l'ouest des peuples turciques poussés par les Huns aux Ier et IIe siècles. La Chine et ses alliés repoussèrent vers l'ouest les Turcs, qui atteignirent les steppes qui bordent la Volga et la mer Noire au Ve siècle.

Au début du Moyen Âge, deux puissances impériales turques des steppes orientales et occidentales s'imposèrent avec à leur tête des khagans. Le sang de ces personnages sacrés ne pouvait pas couler. C'est pourquoi ils étaient destitués puis étranglés – une coutume qui survivra chez les Ottomans. Dès le début, ce mélange de peuples turcique, mongol et iranien, nomades ou semi-nomades, fit de l'État turcique un État multilingue et multiethnique. Les Seldjoukides, membres d'une tribu issue de la chute des premiers États et empires turciques, sont les premiers Turcs à avoir un sérieux impact sur les pourtours du monde européen. Les échanges commerciaux et les luttes avec les Arabes avaient favorisé la conversion des nomades à l'islam. Le fait de croire en un seul et unique dieu allait dans le sens de la tradition des peuples asiatiques venus des steppes qui vénéraient un seul dieu du ciel.

L'ascension des Turcs qui s'étaient montrés loyaux envers la dynastie seldjoukide fut un fait marquant du XIe siècle, d'autant que ces partisans constituaient la première grande puissance musulmane parmi les peuples turcs. Après avoir affirmé leur position en Iran et en Transcaucasie, ils s'imposèrent au cœur des régions arabo-islamiques et des régions à l'est de la Méditerranée. Régulièrement, de sérieux affrontements les opposaient à l'État byzantin, très fragilisé. En 1071, les deux empires rivaux s'affrontèrent lors de la bataille de Manzikert. L'armée byzantine y essuya un cuisant échec et la date du 26 août 1071 sera à tout jamais considérée comme un véritable désastre dans l'histoire byzantine : du jour au lendemain, l'Anatolie était perdue, tandis que l'armée seldjoukide et les chefs de la tribu mettaient en place dans la région des principautés (*begliks*).

La chute du grand empire des Seldjoukides (qui comprennait l'Iran, l'Irak mais aussi l'Afghanistan et la Syrie) fit de l'Anatolie une entité à part gouvernée par le sultanat de Roum. Ces souverains se mariaient avec les femmes appartenant à l'aristocratie géorgienne et byzantine et héritaient d'une tradition dans laquelle les cultures et les religions se mélangeaient. Les Grecs servaient à la cour alors que des immigrés turcs étaient au service de l'empereur de Constantinople. Au début du XIIIe siècle, les Seldjoukides de Roum étaient à la tête d'un État puissant et bien délimité situé en Anatolie et comprenant la majorité de ce qui sera plus tard la Turquie.

Les invasions mongoles durant la première moitié du XIIIe siècle déstabilisèrent le pouvoir des Seldjoukides et repoussèrent le monde turcico-islamique plus à l'ouest qui, de ce fait, se rapprocha du monde byzantin et chrétien. Vers la fin du XIIIe siècle, la majorité de l'Anatolie était musulmane et la plus importante des principautés de la région était gouvernée par la maison d'Osman (État qui deviendra l'Empire ottoman). La plus grande menace venait de Tamerlan qui, bien que Turc, avait pour objectif de rétablir l'Empire mongol. Au XIVe siècle, son armée partit d'Asie centrale en direction de l'ouest. Lorsqu'il mourut en 1405, il régnait sur une grande partie de l'Eurasie et nombre de régions du Moyen-Orient et faisait route vers la Chine. Sa disparition sauva la Turquie anatolienne qui, sans aucun doute, se serait vue annexée car – heureusement pour les Ottomans – son successeur était moins avide de conquêtes.

Le développement de l'Empire ottoman

Le premier État ottoman était une organisation informelle façonnée par les frontières géographiques. Les divisions religieuses étaient peu marquées et les sujets étaient essentiellement des pillards plus intéressés par le commerce et les butins que par la propagation de l'islam. Un « Ottoman » était simplement quelqu'un qui avait décidé de rejoindre le clan. Nombre de guerriers chrétiens originaires de Byzance ou des Balkans devenaient ottomans uniquement pour des raisons commerciales et n'hésitaient pas à abandonner leur religion pour se convertir à l'islam. Tandis que la menace mongole se faisait moins forte au cours du XIVe siècle, l'État ottoman devenait de plus en plus puissant. Commença alors une confrontation entre les Grecs de Byzance et les Turcs ottomans qui devait durer des années et des années. En 1261, les Byzantins reprirent Constantinople après avoir été chassés de la ville par les croisés « latins » venus d'Europe occidentale en 1204 lors de la quatrième croisade. Mais les Grecs commirent une énorme erreur : poussés par l'ambition de retrouver leur puissance passée à l'est de la Méditerranée, ils négligèrent leurs défenses terrestres à l'est. Les Ottomans, toujours en quête de conquêtes, profitèrent des divisions internes qui affaiblissaient les Grecs et s'installèrent dans les années 1350 à Gallipoli, suite à la demande de l'une des parties en guerre à Constantinople.

Présents dans les Balkans, les Ottomans entreprirent de s'emparer de Vienne en 1529. Durant le règne de leur sultan, Selim Ier (1512-1520), les Ottomans écrasèrent les Mamelouks implantés en Égypte et en Syrie auxquels ils succédèrent en tant que gardiens des villes saintes de La Mecque et Médine. Les Turcs ottomans étaient désormais les maîtres incontestés du monde islamique sunnite, un nouveau statut qui connaîtrait son apothéose sous le règne de Soliman Ier dit « Soliman le Magnifique » (1520-1566).

Soliman était en quelque sorte l'homologue des princes de la Renaissance qui écriront, par leur bravoure, un nouveau chapitre dans l'histoire de la royauté en Europe occidentale. Ce grand stratège, qui mena quelque treize campagnes terrestres, fut aussi le réformateur qui abolit nombre des méthodes gouvernementales arbitraires mises en place par ses prédécesseurs. C'était aussi un poète reconnu. Soliman fut l'homme qui menaça les fondements mêmes de l'Europe chrétienne. Son armée s'empara de Belgrade en 1521 et de Rhodes en 1522. Sa victoire lors de la bataille de Mohàcs en 1526 se solda par l'incorporation d'une grande partie de la Hongrie dans l'Empire ottoman. Pendant un siècle, les Habsbourg lutteront pour reprendre la Hongrie, même si la défaite des Ottomans lors du siège de Vienne en 1529 marqua un grand pas en avant pour les puissances occidentales. Soliman continua à se battre pour prendre le contrôle de l'Iran et, en 1534, il ravit l'Irak aux Safavides.

La chute de Constantinople fut le point culminant dans l'histoire qui opposa la chrétienté latine de l'Europe occidentale à la chrétienté orthodoxe grecque de l'est. Grenade tomba en 1492 et les derniers Maures furent chassés d'Espagne. L'islam, qui n'avait pas les faveurs à l'ouest, tenta de s'imposer à l'est. La confrontation entre l'islam et le christianisme s'opéra non plus sur un axe nord-sud mais est-ouest. Une Europe occidentale triomphaliste se tourna alors vers l'Atlantique afin de trouver des voies nouvelles susceptibles de remplacer les voies commerciales à l'est, qui traversaient les territoires dominés par la puissance ottomane.

Le déclin de l'Empire ottoman

Vers le milieu du XVIe siècle, il devint évident – rétrospectivement bien sûr – que les Ottomans étaient à la tête d'un empire trop étendu et qu'ils n'avaient pas les moyens de défendre leurs frontières. En 1552, les Portugais remportèrent une victoire sur la flotte ottomane à Ormuz dans le golfe Persique. Durant les années 1550, l'armée moscovite commença à exercer une pression sur les Ottomans au nord. C'était le début d'une rivalité entre les Russes et les Ottomans qui s'achèvera avec la chute des deux empires lors de la Première Guerre mondiale. Le dynamisme de Pierre le Grand (1672-1725), qui se voulait l'héritier des traditions mises en place par Gengis Khan et l'empire de Byzance, transforma l'ancienne Moscovie en Russie. Les Habsbourg, bien que pris, jusqu'en 1555, dans les affrontements religieux entre catholiques et protestants qui traumatisèrent l'Europe, se mirent en travers du chemin des Ottomans qu'ils réussirent à maîtriser. Le gouvernement ottoman se vit confronter à un nouveau problème : qui prendrait la succession de Soliman ? Dans le harem impérial, les conflits et les jalousies ne se comptaient plus et la faiblesse des successeurs du sultan ne fit qu'aggraver la situation. Si la coutume des luttes fratricides tendait à disparaître, des réformes fondamentales échappèrent à l'empire déclinant des Ottomans. Dans les domaines de la politique, de la guerre, des pratiques administratives et des coutumes, le mot « ottoman » eut tôt fait de devenir synonyme d'inefficacité, d'ignorance et de retard.

12 octobre 1492

Christophe Colomb accoste aux Bahamas

La découverte des Amériques

« *Je crois que [...] bientôt vous convertirez à notre sainte religion une multitude d'individus tout en acquérant de vastes territoires et de grandes richesses pour l'Espagne.* »

Dans une lettre adressée en octobre 1492 au roi Ferdinand et à son épouse, Isabelle, Christophe Colomb prône la conversion au christianisme des « indigènes »

Ce sont la connaissance parfaite des vents qu'a ce marin chevronné, le parrainage d'Isabelle, reine du royaume d'Aragon et de Castille nouvellement constitué, et la conviction de faire voile vers l'Asie qui, en ce 12 octobre 1492, mènent l'explorateur génois âgé de 41 ans au large des côtes des Bahamas. Le 3 août précédent, Christophe Colomb a quitté, avec trois navires, le port de Palos de la Frontera, au sud-ouest de l'Espagne, avec pour objectif de traverser l'Atlantique et de découvrir une nouvelle route maritime pour atteindre la côte orientale de l'Asie. Christophe Colomb est également l'ambassadeur d'une culture catholique agressive qui se considère comme « purifiée » et est prête à s'étendre au-delà des frontières. Le dernier royaume mauresque d'Espagne, Grenade, a été conquis en janvier 1492 et Christophe Colomb a dû reporter son départ au 3 août, le 2 étant la date butoir donnée aux Juifs pour quitter le territoire espagnol suite à un décret d'expulsion.

Les traversées de Christophe Colomb

Évitant les vents violents du nord de l'Atlantique soufflant vers l'ouest, Christophe Colomb se dirige dans un premier temps vers les îles Canaries. Porté par des vents nord-est, il est ensuite rapidement déporté à l'ouest, vers un point parallèle au Japon sur la latitude nord-sud. Le récit que Marco Polo a fait de son voyage de 24 ans qui le mena en Mongolie et en Chine a beaucoup influencé la pensée de Christophe Colomb. Marco Polo a indiqué que les îles japonaises se trouvaient à quelque 1 500 milles nautiques des côtes chinoises – destination finale de Christophe Colomb. En cet été 1492, le temps est clément et, comme tous les marins du Bassin méditerranéen, Christophe Colomb se dirige grâce à la boussole. Les marins de la mer du Nord et de la Baltique, qui ont l'habitude de naviguer dans les eaux au-dessus de la plate-forme continentale au nord-ouest de l'Europe, sondent les fonds marins avec un poids en plomb attaché à une corde qu'ils plongent dans l'eau afin de calculer la direction et le mouvement. Mais la boussole magnétique, inventée au XIIe siècle, est un instrument indispensable pour les marins naviguant dans les eaux profondes du Bassin méditerranéen. Christophe Colomb a toutefois recours aux techniques traditionnelles dites « à l'estime », et mesure sa vitesse en calculant le temps nécessaire pour doubler un objet à la surface de l'eau.

Le 28 octobre, l'expédition arrive à Cuba. Les membres de l'équipage sont les premiers Européens à voir des « Indiens » indigènes fumer du tabac. En janvier 1493, Christophe Colomb quitte Hispaniola (aujourd'hui Haïti et la République dominicaine) pour retourner en Espagne, ses navires chargés, si ce n'est d'or, tout au moins d'espèces botaniques choisies pour prouver – ce dont il ne démord pas – qu'il a bel et bien accosté en Asie. Trois autres expéditions suivront. Celle de 1493-1496, qui compte 17 navires et 1 200 hommes, y compris des administrateurs, des colons et six prêtres, permet de découvrir l'archipel des Caraïbes, notamment Cuba, Porto Rico, Antigua et la Jamaïque.

Alors qu'il navigue au large de la côte sud de Cuba, Christophe Colomb arrive à la conclusion que s'il continue plus au sud, il arrivera à la côte orientale de la péninsule malaise mais l'équipage mécontent et le manque de provisions l'obligent à repartir en Espagne. Christophe Colomb demande alors à tous les officiers et aux membres d'équipage de signer une déposition attestant que la côte qu'ils ont vue fait bien partie du continent asiatique. Tout refus est sanctionné, le réfractaire ayant la langue coupée.

Les déclarations de Christophe Colomb sont accueillies avec un scepticisme grandissant et seuls six navires lui sont accordés pour la nouvelle expédition qui quitte l'Espagne en mai 1498. Le 31 juillet, l'équipage découvre Trinité. Lorsqu'il entre, le 1er août, dans le golfe de Paria et le détroit de l'Orénoque, Christophe Colomb vient de pénétrer en Amérique du Sud. L'existence d'un aussi grand golfe d'eau douce le pousse à penser que le fleuve, avant d'arriver à cet endroit, doit traverser « un très grand continent totalement inconnu à ce jour ». La douceur du climat lui fait également dire qu'il fait voile vers les régions les plus reculées du paradis terrestre décrit dans la Bible. À aucun moment, il ne vient à l'esprit de Christophe Colomb qu'il vient de découvrir un quatrième continent qui, sur le plan géographique, diffère totalement des autres. Christophe Colomb est attaché au concept chrétien du Moyen Âge, lui-même fondé sur les observations de Ptolémée, selon lequel l'Europe, l'Asie et l'Afrique font partie d'une seule et unique terre – « l'île de la Terre » – entourée par une étendue d'eau relativement moins importante. Un nouveau continent bordé de part et d'autre par un océan est, par conséquent, totalement inconcevable. Au cours de sa dernière traversée en 1502, Christophe Colomb découvre le Honduras et le Panama mais meurt convaincu que, depuis 1492, il explore la côte est de l'Asie.

Les explorations à l'époque de Christophe Colomb

Au XVe siècle, les papilles gustatives des Européens sont habituées aux épices indiennes, y compris le poivre, indispensable pour masquer le goût du sel utilisé pour conserver la viande. Les parfums arabes, les soies, les textiles et la porcelaine de Chine sont des produits de luxe très prisés en Occident. Les Chinois ont une longueur d'avance en termes de technologie et ils exportent leurs techniques de filatures et d'imprimerie ainsi que certains produits comme le papier-monnaie et la poudre à canon. Les marchandises d'Orient sont acheminées jusqu'à l'est du Bassin méditerranéen *via* une ou deux voies commerciales. La « route de la soie » part de l'est de la Chine et traverse l'Asie centrale. Par mer, les navires transportant diverses denrées quittent les ports du sud de la mer de Chine, passent par l'océan Indien puis remontent vers le golfe Persique jusqu'à Bassorah ou par la mer Rouge jusqu'à Suez. Les marchandises sont ensuite acheminées soit à travers l'Égypte soit à travers la Perse et la Syrie. Les négociants occidentaux n'hésitent pas à se rendre dans les pays du Levant et, parfois, vont même jusqu'à Alep et Damas pour acheter leurs produits. Aux XIe et XIIe siècles, les Turcs les empêchent d'aller plus loin et de commercer directement avec les producteurs. Les Mongols qui ont vaincu les Chinois ouvrent à nouveau la route de la soie, permettant ainsi aux Occidentaux, de 1250 à 1350, de traverser les territoires conquis de la Perse et de la Chine pour aller jusqu'en Inde. Mais la Chine, qui connaît un nouvel essor après la rébellion de 1368 et la prise du pouvoir par la dynastie Ming, ferme à nouveau ces voies de communication. La demande des Occidentaux pour des marchandises produites en Orient est de plus en plus forte. Les Occidentaux, qui n'ont plus accès aux voies terrestres, se tournent alors vers la mer.

En 1488, le Portugais Barthélémy Diaz est le premier à traverser d'ouest en est l'océan Indien après avoir contourné la pointe la plus au sud de l'Afrique. Quelques années plus tard, Christophe Colomb offre à l'Espagne la possibilité d'emprunter une voie plus courte. Les Français et les Italiens qui, jusqu'à ce jour, avaient le monopole du commerce avec l'Orient doivent désormais compter avec une nouvelle nation. En s'appuyant sur les découvertes de Marco Polo sur l'immensité du territoire de la Chine, Christophe Colomb est persuadé que les navires qui quittent les ports de l'Atlantique peuvent atteindre la côte est de la Chine.

À cette époque, les cartes géographiques existent mais sont trompeuses. Lors de la renaissance culturelle du XVe siècle, des travaux de Ptolémée datant du IIe siècle après J.-C. ont été redécouverts en Europe. Le géographe grec, qui passa une partie de sa vie en Égypte, a conçu une grille permettant d'indiquer sur les cartes la longitude et la latitude, le nord figurant toujours en haut des cartes. Les cartes de Ptolémée sont une avancée considérable, étant bien plus fiables que celles dessinées par les géographes occidentaux du Moyen Âge qui font de Jérusalem le centre du monde, avec l'Asie et l'est en haut, l'Europe en bas à gauche et l'Afrique en bas à droite (cartes dites « T dans l'O »). Les navigateurs européens , affranchis de tout dogme sur l'emplacement des territoires, affinent leurs propres cartes au fur et à mesure.

La vision de la Terre de Ptolémée, à savoir un globe sphérique de 360° de longitude (est-ouest) en sa circonférence, est acceptée par le plus grand nombre. Les explorateurs doivent, néanmoins, s'accomoder des calculs des cartographes qui estiment à l'époque que la circonférence de la Terre est comprise entre 32 000 et 38 000 kilomètres (en fait, la Terre a une circonférence de 40 000 kilomètres). La longueur d'un degré de longitude (1/360) au niveau de l'équateur a été confirmé par plusieurs autorités comme étant compris entre 90 et 106 kilomètres – 111 kilomètres en réalité. À la même époque, le nombre de degrés de longitude correspondant au bloc continental eurasien entre le cap Saint-Vincent au Portugal et la côte est de la Chine est estimé entre 116° et 234°.

Christophe Colomb opte pour l'échelle qui correspond le mieux à ses objectifs propagandistes, tandis qu'en quête d'argent frais et de commanditaires, il essaie de vendre sa « Compagnie des Indes » aux différentes cours d'Europe occidentale. Le navigateur se réfère souvent à une série d'ouvrages intitulée *Imago Mundi* écrite vers 1410 par le géographe Pierre d'Ailly, qui estime à 225° la mesure ouest-est de l'Eurasie contre 131° en réalité. La proportion terre/océan est estimée à six pour un. L'Asie s'étendant considérablement vers l'est, les marins sont persuadés pouvoir l'atteindre lorsqu'ils font voile vers l'ouest.

L'importance des découvertes de Christophe Colomb

Le traité de Tordesillas signé entre les Espagnols et les Portugais en 1494 sous l'autorité du pape fut une conséquence immédiate des premières découvertes de Christophe Colomb. Par ce traité, le Portugal se vit attribuer tous les territoires à l'est d'un méridien nord-sud à 46° de longitude ouest – soit à quelque 370 lieues à l'ouest des îles du Cap Vert – alors que l'Espagne acquit toutes les terres à l'ouest de cette même ligne. Le Brésil passa sous le contrôle des Portugais, ainsi que tous les nouveaux territoires découverts dans l'océan Atlantique, en Afrique et dans l'océan Indien et ce jusqu'aux Indes orientales. L'Espagne se vit attribuer la moitié ouest des Amériques et les territoires à l'ouest du Pacifique, qui s'étendent jusqu'aux Indes orientales, divisées comme l'Amérique par le méridien mentionné ci-dessus. La partie est du territoire brésilien ne sera découvert qu'en 1500 par l'explorateur portugais Pedro Alvarez Cabral, après la signature du traité. Plus tard, les conquêtes des deux Empires ibériques seront contestées par les Britanniques, les Hollandais et les Français. En 1501-1502, le Florentin Amerigo Vespucci fit voile, sous pavillon portugais, au large de la côte est de l'Amérique du Sud et parcourut 3861 kilomètres. Doté d'instruments de mesure plus performants que les précédents navigateurs, il arriva à la conclusion que les terres qu'il avait devant lui faisaient partie d'un quatrième continent.

L'Amérique du Sud, sous contrôle espagnol, devint une terre de « croisade ». En 1519-1520, Fernando Cortés conquit l'Empire aztèque du Mexique et, en 1532, François Pizarre conquit l'Empire inca du Pérou. Aucun de ces deux empires n'avait plus d'un siècle d'existence et le ressentiment des populations favorisa l'avancée des conquistadors. L'Espagne contrôlait également la route commerciale transatlantique et vers 1600, 200 navires quittaient chaque année le port de Séville et faisaient voile vers l'Amérique. Entre 1591 et 1600, 19 millions de grammes d'or et près de 3 milliards de grammes d'argent furent importés en Espagne.

Le poivre, le café, le cacao et le sucre produits en Amérique stimulèrent les papilles gustatives des Européens. La culture du maïs et de la pomme de terre ainsi que celle du haricot blanc riche en protéines, sans oublier la tomate, enrichirent le sol européen. Grâce à ces nouveaux produits, les Européens grandirent, vivèrent plus longtemps et se reproduirent plus. La population augmenta, contribuant à l'inflation des prix du XVIe siècle, parallèlement à l'expansion commerciale de l'Ancien Monde revigoré par les découvertes américaines. Les maladies passaient elles aussi d'un continent à l'autre. Les autochtones d'Amérique exportèrent la syphilis mais mouraient de la variole, de la pleurésie et du typhus transmis par les Européens. Alors que la population du Mexique était estimée entre 12 et 15 millions d'habitants avant la conquête espagnole, en 1568, elle comptait moins de 3 millions d'âmes. Le Pérou, quant à lui, passa de 9 millions d'habitants en 1532 à 1,2 million en 1570. Le viol et le concubinage firent croître le taux de natalité et, notamment, le nombre de métis. Les voyages de Christophe Colomb se soldèrent également par une scission de plus en plus prononcée entre l'Occident stimulé par ses découvertes et l'Orient qui, de son côté, stagnait. Cette différence ne fera que s'accroître au cours des siècles suivants tandis que l'économie, la culture et la politique européennes seront de plus en plus influencées par l'atlantisme.

20 septembre 1519

Ferdinand de Magellan fait voile vers l'Amérique du Sud

Le premier tour du monde en bateau

« *Les gencives des dents du bas et du haut de certains de nos hommes sont si enflées qu'ils ne peuvent plus manger […] et meurent de faim.* »

Antonio Pigafetta (env. 1491-env. 1534),
marin et chroniqueur italien ayant survécu à l'expédition

En 1519, nul ne connaît la superficie exacte de l'océan Pacifique ni ne sait localiser précisément les Moluques, îles des Indes orientales productrices d'épices. Si, comme on le croit encore, le continent asiatique est très étendu à l'est, la côte ouest des colonies espagnoles en Amérique du Sud ne doit pas être très éloignée des Indes orientales. Les Espagnols ont désormais besoin de savoir si les Moluques – très importantes du point de vue économique – sont à l'ouest du méridien nord-sud qui, conformément au traité de Tordesillas, sépare leurs territoires situés dans les Indes orientales des territoires situés à l'est du méridien et attribués aux Portugais. Ils font donc appel à Ferdinand de Magellan qui, n'ayant plus les faveurs de la cour de son pays natal, le Portugal, est prêt à parcourir à la voile la moitié du globe pour répondre aux questions des Espagnols sur la localisation de leurs territoires en Asie. Le navigateur quitte l'Espagne avec cinq navires. L'équipage est constitué de 250 aventuriers de nationalités différentes : des Portugais, des Italiens, des Français, des Grecs et même un Anglais. En effet, les marins espagnols ne sont guère tentés par cette aventure périlleuse sous le commandement d'un étranger.

Le tour du monde de Magellan

Après avoir accosté au Brésil, Magellan et son équipage longent la côte de l'Amérique du Sud en direction du sud à la recherche d'un passage leur permettant d'accéder à l'océan Pacifique découvert par l'explorateur espagnol, Vasco Nunez de Balboa, le 25 septembre 1513. Après avoir franchi l'isthme de Panama, cet explorateur arrive dans ce qu'il appellera la Mar del Sur (mer du Sud en espagnol). En décidant d'aller plus au sud, Magellan s'aventure dans un monde totalement inconnu. En mars 1520, l'hiver austral étant là, Magellan décide d'accoster en Patagonie alors que son équipage lui demande instamment de repartir vers les tropiques. L'équipage de trois des cinq navires se révolte. Magellan entame des pourparlers et réussit à mettre fin à la mutinerie ; un meneur sera néanmoins exécuté. En octobre 1520, Magellan reprend la mer toujours en direction du sud et, le 21 octobre, pénètre dans une baie qui conduit à un détroit auquel il donnera son nom. Loin d'être, comme il l'espérait, une route maritime certes étroite mais directe menant au Japon et à la péninsule malaise, le navigateur découvre que le détroit est en fait un véritable labyrinthe débouchant sur le plus grand océan du monde. Il faudra 38 jours aux navires pour parcourir les 611 kilomètres du détroit qui relie l'océan Atlantique à l'océan Pacifique. Le plus petit des navires, le *Santiago*, a fait naufrage quelques mois plus tôt et les hommes du plus grand navire, le *San Antonio*, sont repartis pour l'Espagne après avoir organisé une mutinerie et mis le capitaine aux fers.

Le 28 novembre 1520, les trois navires restants naviguent sur l'océan Pacifique. En trois mois et vingt jours, ils parcourent les 12 000 milles sur une mer d'huile, d'où l'idée de Magellan de baptiser cet océan « Pacifique ».

Les hommes n'ayant plus de vivres, ils en sont réduits à manger de la sciure, des restes de biscuits rongés par les vers, des rats, dont le bateau est infesté, ainsi que le cuir utilisé pour protéger les divers équipements qu'ils chauffent sur de la braise afin de le ramollir et de pouvoir le mâcher. Les privations endurées par les hommes sont consignées dans le journal de bord tenu par l'un des marins, Antonio Pigafetta, intitulé *Primo Viaggio Intorno al Mondo* – témoignage poignant du courage dont des êtres humains peuvent faire preuve dans des situations extrêmes. Ayant fait voile vers le nord, Magellan accoste sur l'île de Guam en mars 1521. Après s'être ravitaillés, les hommes reprennent la mer et se dirigent vers les Philippines où ils arrivent une semaine plus tard. Magellan est tué sur l'île de Mactan par les autochtones le 27 avril 1521, alors qu'il couvre ses hommes qui tentaient de regagner les navires. Sur les cinq navires partis en 1519, seul le *Victoria* regagne le port espagnol de Séville en septembre 1522 avec à son bord 18 rescapés ayant réussi à contourner le cap de Bonne-Espérance et accompli le premier tour du monde de l'histoire de la navigation.

L'exploration portugaise avant Magellan

Ferdinand de Magellan représente l'apogée de l'aptitude et de l'ambition déployées pendant près d'un siècle par ses compatriotes partis à la découverte de la Terre. Au XVe siècle, le Portugal – à la différence de l'Espagne, de l'Angleterre, de la France et de l'Italie – est une nation unie et en paix qui, grâce à l'aide des Anglais, a mis fin aux prétentions de la cour de Castille en gagnant son indépendance lors de la bataille d'Aljubarrota en août 1385. La conquête navale, célébrée dans un poème épique de Luís Vaz de Camões intitulé *Les Lusiades*, est le reflet d'un consensus national et d'une aptitude à planifier à long terme le destin de la nation. Le prince Henri le Navigateur (1394-1460) entreprend l'exploration systématique de la côte ouest de l'Afrique suite à la découverte des prodigieuses richesses acheminées de l'Afrique saharienne et des Indes à Ceuta (Afrique du Nord), port musulman conquis par les Portugais en 1415. Henri le Navigateur s'installe à Sagres, à l'extrême sud-ouest du Portugal, qui devient ainsi le centre de la technologie du Portugal où sont dessinées les cartes du monde, fabriqués les vaisseaux et les instruments de navigation les plus performants de l'époque. La caravelle, petit navire très maniable doté de voiles inclinées et triangulaires (inspirée des navires arabes parcourant la Méditerranée) est une invention portugaise. Avec sa voilure capable de capter la direction du vent, la caravelle est un bateau très rapide qui bientôt aura la préférence de tous les marins européens.

À partir de 1434, les marins, sous le commandement du prince Henri, découvrent peu à peu la côte occidentale de l'Afrique. En 1444, l'explorateur Gil Eanes ramène de la Guinée 200 Africains qui seront vendus comme esclaves. Au milieu du XVIIe siècle, les Portugais lancent littéralement une chasse aux esclaves et capturent 1,3 million de personnes dans le seul Angola. Les Portugais baptisent certaines régions de la côte d'Afrique occidentale face au golfe de Guinée en fonction des produits qu'ils y trouvent : Côte d'Ivoire, Côte de l'Or et Côte du Poivre. Les explorations des Portugais profitent également de l'obscurantisme de leurs voisins dans la mesure où les astronomes et les mathématiciens juifs persécutés quittent l'Espagne pour s'installer au Portugal.

18 avril 1521

Luther brave Charles Quint à la Diète de Worms

La propagation du protestantisme

« Je n'éprouve que du mépris pour la fureur et la faveur de Rome [...]. Qu'ils me condamnent et brûlent mes livres [...] Je condamnerai et brûlerai publiquement toute la loi pontificale, ce ramassis d'hérésies. »

Martin Luther, 10 juillet 1520

L'après-midi du 18 avril 1521, dans la ville de Worms (Allemagne), le théologien Martin Luther comparaît devant Charles Quint, jeune prince de la maison de Habsbourg récemment élu à la tête du Saint Empire romain germanique. L'Allemagne du début du XVIe siècle est un pays profondément chrétien. Jamais autant d'églises et d'institutions religieuses n'ont été construites et fondées sur le sol allemand, et un Allemand sur neuf est prêtre. Empreinte d'une telle piété, l'Allemagne ne pouvait qu'être scandalisée par le luxe et les ambitions matérialistes de la papauté à l'heure de la Renaissance. Les tirades de Martin Luther à l'encontre du pape ont eu l'effet d'une bombe et c'est pourquoi il est convoqué à Worms afin de s'expliquer.

La confrontation à Worms

La Diète d'empire était l'institution représentative centrale du Saint Empire romain germanique, regroupant sur une seule et même base les dirigeants des différents États confédérés. En avril 1521, les membres de la Diète se réunirent à Worms sous la présidence de l'empereur. En janvier de la même année, le pape Léon X avait excommunié Martin Luther, un moine de l'ordre des Augustins qui enseignait à l'université de Wittenberg. Il faut dire que, depuis quatre ans, Martin Luther mettait en avant les implications de sa doctrine de la justification par la foi : l'humanité est seule face à Dieu et n'a besoin ni de prêtres ni de saints pour intercéder en son nom. Seul Dieu, et non l'Église, peut sauver les pécheurs et c'est la qualité de la foi intérieure qui « justifie » les êtres humains aux yeux de Dieu. En juin 1520, le pape avait publié une bulle, *Exsurge Domine* (*Lève-toi, Seigneur*), dans laquelle il condamnait Martin Luther pour s'être, dans 41 des 95 thèses rédigées par ses soins, opposé à l'autorité papale. Ses écrits étaient publiquement brûlés à Rome. Les étudiants de l'université de Wittenberg avaient immédiatement riposté en mettant le feu à des ouvrages de théologie catholique alors que Luther lui-même jetait une copie de la bulle pontificale dans les flammes. Le théologien venait de soulever la plus fondamentale de toutes les questions : sur quoi reposent l'autorité et les lois qui poussent à l'obéissance ?

La rébellion de Martin Luther commença sous la forme d'une question de théologie, mais si seule l'autorité paroissiale était remise en question, cette interrogation eut, inévitablement, des conséquences politiques. Dans sa polémique contre le pape, Martin Luther fut soutenu par le prince-électeur de Saxe, Frédéric III dit Frédéric le Sage. Comme nombre d'autres princes allemands, Frédéric III pensait que la situation était arrivée à un point tel que le réformateur devait s'expliquer devant les membres de la Diète. Cette décision mit le pape en rage car, pour lui, la Diète devait – sans se poser de questions – le soutenir. Mais l'heure était grave. Le mouvement prit de l'ampleur et donna naissance à un nationalisme très marqué et, parfois même, anti-italien. Ayant franchi les limites de l'université, de la cour, de l'Église et du monastère, le mouvement nationaliste se propagea dans les rues, ce qui explique pourquoi, lorsque Martin Luther arriva à Worms, il était accompagné par une troupe de chevaliers et acclamé par de nombreux partisans.

Martin Luther se présente devant Charles Quint lors de la réunion des membres de la Diète le 17 avril. Lorsqu'on lui demande de se rétracter, Martin Luther sollicite un jour de réflexion avant de se prononcer. Le lendemain, le 18 avril après-midi, il se retrouve face à une assemblée plus nombreuse que la veille, les membres s'étant réunis dans une salle plus grande. Luther fait alors la déclaration qu'il a préparée : il n'abjurera que si on arrive à le convaincre – soit par la raison soit par des textes de l'Écriture – qu'il a tort. Il est guidé, affirme t-il, par sa conscience ; or la conscience de tout être humain est tenue par la parole de Dieu. Les membres de la Diète quittent la salle en proie à la plus grande confusion. Luther aurait eu ces mots : « Je ne peux ni ne veux me rétracter en rien, car il n'est ni sûr, ni salutaire d'agir contre sa conscience. Je me tiens ici et ne puis faire autrement », phrase devenue célèbre car elle résume parfaitement la position du réformateur. Martin Luther est le héros, non seulement de la Réforme protestante, mais également de la voix de la conscience individuelle inébranlable. Les princes qui, jusque-là, avaient soutenu Luther étant absents, une partie de la Diète promulgue l'édit de Worms qui met Luther et ses disciples au ban de l'Empire et proscrit ses écrits. L'édit de Worms sera, jusqu'à la fin de ses jours, une contrainte pour Martin Luther. Après un prétendu enlèvement organisé par Frédéric III, Martin Luther trouve refuge au château de Wartburg près d'Eisenach où il séjournera dans le plus grand secret jusqu'en 1522. Il commence alors à traduire le Nouveau Testament, qui deviendra l'un des plus grands classiques de la prose allemande et un élément fondamental dans la propagation du savoir et de l'éducation.

Le fondement de la Réforme protestante

Le mouvement antipontifical n'était pas nouveau en Allemagne. La force de ce mouvement au XVe siècle provient de l'action de la Curie romaine qui donna aux princes des États confédérés un contrôle accru sur les sommes d'argent et les terres allouées à l'Église. Mais, au début du XVIe siècle, la papauté demanda de plus en plus d'argent aux princes catholiques – en partie pour payer toutes sortes de splendeurs mais aussi pour financer le rôle militaire de la papauté dans les guerres intestines que se livraient les États italiens. La France, l'Angleterre et l'Espagne – pays dans lesquels la tradition d'une administration royale très rigoureuse connaissait un renouveau – résistèrent à la pression exercée par la papauté. Les territoires allemands, plus vulnérables face aux exigences du pape – du fait de l'absence d'une autorité centrale au profit de petits États confédérés – étaient, par conséquent, un terrain propice au développement de la protestation luthérienne.

D'autres forces tentèrent également d'ébranler l'autorité de l'Église. En Europe, le mouvement intellectuel (« humanisme ») reprit les textes fondamentaux écrits par les philosophes grecs et latins et corrigea les erreurs accumulées des siècles durant par les moines et autres membres du clergé qui avaient copié et transcrit les textes de l'Antiquité. Ce renouveau intellectuel n'était pas en soi anticatholique, même s'il favorisait un questionnement sur l'autorité. La « scolastique », méthode philosophique mise en place au Moyen Âge par l'Église, prônait la transmission de l'autorité mais l'humanisme littéraire, qui se caractérisait par l'élégance et la sobriété, accentuait le caractère dépassé et peu original de la tradition. C'est pourquoi, en février 1517, Martin Luther rédigea plusieurs thèses contre les théologiens scolastiques.

Mais ce sont les 95 thèses que Luther écrivit en octobre 1517 qui galvanisèrent tout d'abord l'Allemagne puis toute l'Europe. Martin Luther s'insurgea contre la vente d'indulgences et les dogmes tels que celui du Purgatoire pour expier les péchés commis de son vivant. Si le pardon passait par la prière, le tarif des indulgences était fonction de la gravité du péché, l'argent étant reversé à la papauté. En 1517, ce trafic était d'autant plus important que la papauté avait besoin de fonds pour financer la construction de la basilique Saint-Pierre à Rome et qu'en Allemagne, la vente d'indulgences était organisée par la famille Fugger, grands banquiers d'Augsbourg (Bavière). La moitié des sommes prélevées était remise à Albert, jeune archevêque de Mayence, lourdement endetté après avoir payé d'importantes sommes pour gravir les échelons de la hiérarchie ecclésiastique.

La vente des indulgences confortait les sentiments les plus intimes de Martin Luther contre les abus de l'Église catholique romaine. Pour lui, ces pratiques n'étaient qu'une manipulation pure et simple de la volonté de Dieu. Les interrogations de Martin Luther allèrent plus loin et mirent en doute nombre de points fondamentaux tels que la primauté pontificale, l'infaillibilité des conciles œcuméniques, la transsubstantiation du vin et du pain en sang et en corps du Christ, sans oublier le célibat imposé aux prêtres. L'opinion de Martin Luther selon laquelle « la prêtrise appartient à tout croyant » supplanta les avantages spirituels des professionnels cléricaux. Les sept sacrements furent réduits à deux : le baptême et l'eucharistie. La compréhension spirituelle et intime de la chrétienté parla à nombre d'Allemands qui, s'ils le désiraient, pouvaient trouver les réponses à leurs questions dans les livres. L'imprimerie – qui, en 1517, était relativement nouvelle – donna au mouvement luthérien de l'ampleur, le réformateur étant un prodigieux pamphlétaire.

Les conséquences de la rébellion de Martin Luther

Martin Luther a eu de la chance. En effet, dans les années 1518 et 1519, l'élection au trône du Saint Empire était imminente. La papauté avait besoin du soutien du prince-électeur de Saxe. C'est pourquoi le pape ne s'en prit pas immédiatement au protégé de Frédéric III. Charles Quint, de son côté, savait que l'attitude à adopter vis-à-vis de Luther et des dirigeants allemands qui le soutenaient, devait tenir compte des querelles qui l'opposaient à la papauté et à la couronne française dans la mesure où il avait besoin de regrouper autour de lui le plus d'alliés possible afin de mettre en place une coalition contre les Turcs. C'est pour cette raison que la diète de Spire (1526) mit fin à l'édit de Worms et stipula que tous les princes devaient adopter sur leur territoire une conduite dictée par leur propre jugement tout en répondant de leurs actes devant Dieu. C'est la suppression de cette concession lors de la seconde diète de Spire (1529) qui fut à l'origine de la protestation des princes, protestation qui donnera son nom au protestantisme. Luther comptait sur les princes qui lui étaient fidèles pour donner suite à ses réformes et croyait que le pouvoir laïc devait corriger les abus spirituels. Cet appel en faveur d'une religion intime débouchera sur un pouvoir accru des princes en matière religieuse, un paradoxe important de la Réforme.

Plus ironique encore : l'homme à l'origine de cette « Réforme » fut rapidement horrifié face au protestantisme populaire. Celles et ceux qui se conformaient à l'anabaptisme – mouvement originaire de Suisse qui s'était étendu aux régions du sud de l'Allemagne et aux Pays-Bas – étaient convaincus que le baptême devait être réservé aux personnes capables de prendre, en toute connaissance de cause, la décision de se faire baptiser. Dans cette logique, ils refusaient le baptême des enfants et réservaient ce rite aux adultes. Le radicalisme des anabaptistes et de leurs adeptes enthousiastes se traduisit par le rejet de toute autorité laïque ou ecclésiastique avec la menace d'une insurrection populaire, accompagnée de manifestations iconoclastes qui n'hésitaient pas à s'en prendre aux peintures et sculptures religieuses. Mais Luther allait plus loin encore et pensait que le vrai pouvoir de l'idolâtrie résidait dans l'esprit des hommes. Une fois que cette corruption mentale serait réprimée par le repentir de chacun, les représentations divines tomberaient en désuétude. Cette croyance était trop subtile pour les extrémistes. Et certaines des plus grandes craintes de Luther se réalisèrent lors de la guerre des Paysans. Au cours de l'été 1524, en Forêt-Noire, une insurrection défendit les droits des paysans définis dans la législation portant sur le gibier et les forêts. Cette révolte pouvait aussi être présentée comme une implication supplémentaire de la rébellion de Luther contre l'autorité. Lorsque les paysans de Thuringe se soulevèrent au printemps 1525, Martin Luther rédigea l'un des ses tracts les plus virulents intitulé *Contre les hordes homicides et pillardes de paysans* dans lequel il se prononça pour la répression des paysans.

La Réforme marqua le point de départ d'un siècle et demi de guerres religieuses en Europe entre les États protestants et catholiques aussi dogmatiques les uns que les autres. La Réforme sépara également Érasme de Martin Luther. Dans un essai intitulé *De libero arbitrio* (*Essai sur le libre arbitre*), le théologien et humaniste néerlandais rejeta les enseignements de Luther, affirmant que ses théories réduisaient à néant le libre arbitre des individus. Cet essai marqua la scission entre l'optimisme des premiers humanistes et les querelles dogmatiques liées à un monde nouveau ô combien sévère. En 1531, les États impériaux protestants d'Allemagne mirent en place leur propre organisation avec une armée commune, la ligue de Schmalkade. En 1555, la paix d'Augsbourg instaura une règle d'une importance capitale : les sujets d'un prince devaient opter pour la religion de ce dernier. Cette décision fut littéralement extorquée à Charles Quint qui regrettait l'idéal d'une chrétienté datant du Moyen Âge – idéal qui, au XVIe siècle, avait bel et bien disparu.

Avec le concile de Trente qui débuta en 1542, l'Église catholique retrouva sa puissance et réaffirma ses dogmes. Dans la seconde moitié du XVIe siècle, le théologien français Jean Calvin continua le travail commencé par Martin Luther, prônant toutefois une théologie plus austère reposant sur la notion de prédestination où Dieu élit ceux auxquels il réserve son salut, ce qui correspond à un durcissement des dogmes protestants. Les conséquences culturelles, sociales et politiques du protestantisme furent profondes et durables. Les sociétés protestantes renouvelèrent leurs institutions nationales, réformèrent leurs écoles et leurs universités et réagirent face aux nouvelles opportunités commerciales de l'économie atlantique. À la fin du XVIIe siècle, la plupart des pays du nord de l'Europe étaient protestants et plus riches que les pays du sud de l'Europe qui, eux, étaient catholiques.

29 juillet 1588

La défaite de l'Invincible Armada

L'Angleterre conserve sa religion et garde sa reine

« *[...] cela nous fit perdre le respect et la bonne réputation dont nous avions toujours joui en tant que peuple belliqueux [...]. Pratiquement tout le pays est en deuil.* »

Témoignage de Fray Jeronimo de Sepulveda sur la défaite de l'Espagne, 1605

21 octobre 1600

Ieyasu Tokugawa remporte la bataille de Sekigahara

L'ère des shoguns

« *Il y a sept émotions : la joie, la colère, l'angoisse, l'amour, le chagrin, la peur et la haine, et si un homme ne cède pas à ces émotions, on peut dire de lui qu'il est patient […]. Je me suis entraîné à être patient.* »

Ieyasu Tokugawa (1543-1616)

Le Japon, après la mort de son daimyo (« gouverneur féodal »), Hideyoshi Toyotomi (1536-1593), est menacé par l'anarchie. Avant de mourir, Hideyoshi Toyotomi a nommé un conseil de cinq corégents pour lui succéder et gouverner le pays, son fils Hideyori Toyotomi étant trop jeune pour assumer ce rôle. Rapidement, l'un des corégents, Ieyasu Tokugawa (1543-1616), s'impose et prend le contrôle de la régence mais Mitsunari Ishida (1560-1600), autre corégent, remet en cause son autorité.

Mitsunari Ishida et Ieyasu Tokugawa, soutenus respectivement par les chefs militaires de l'ouest et de l'est du Japon, s'affrontent lors de la bataille de Sekigahara, un col étroit très important sur le plan stratégique car situé entre le lac Biwa et Nagoya, au centre du Japon. La bataille commence le 21 octobre 1600. Vers 8 h 00 du matin, alors que la brume se dissipe après la pluie diluvienne qui s'est abattue toute la nuit sur la région, les premiers tirs de fusil se font entendre. Jusqu'à midi, une armée composée de 80 000 hommes, commandée par Mitsunari Ishida, et une armée moins nombreuse sous les ordres d'Ieyasu Tokugawa s'affrontent. Mais bien avant que la bataille commence, des membres du réseau d'espionnage d'Ieyasu Tokugawa ont réussi à convaincre des hommes de « l'armée de l'ouest » de trahir leur chef. Des soldats positionnés sur la colline surplombant la ligne sud attaquent alors leurs propres alliés, donnant ainsi la victoire finale à Ieyasu Tokugawa.

Après sa défaite, Mitsunari Ishida fut exécuté. Ieyasu Tokugawa envoya en exil les nobles qui avaient soutenu son ennemi ou confisqua leurs terres qu'il redistribua aux hommes qui s'étaient battus à ses côtés. Face aux nombreux daimyos qui attendaient que le fils de Hideyoshi Toyotomi soit en âge de gouverner, l'ambitieux et prudent Ieyasu Tokugawa accepta que le garçon de sept ans réside dans le château d'Osaka, bastion de son père, et, pour consolider les liens entre les deux familles, lui donna sa petite-fille en mariage. La bataille de Sekigahara fut le dernier combat de ceux qui s'opposaient à l'autorité d'Ieyasu Tokugawa. L'empereur, dont le pouvoir n'était que symbolique, confirma l'autorité du régent en le nommant shogun – grand général – en 1603. Ieyasu Tokugawa devint ainsi le dirigeant du Japon. Lorsqu'il se retira en 1605, il fit en sorte que le titre de shogun soit transmis à son fils, Hidetada Tokugawa, donnant de ce fait naissance à une nouvelle dynastie. Malgré cette passation de pouvoir, Ieyasu Tokugawa resta à la tête du pays jusqu'à sa mort.

La politique menée par la puissance japonaise avant Sekigahara

Au début du XVIe siècle, le Japon était constitué de quelque 400 États indépendants et l'empereur n'avait aucune réelle autorité, son titre étant purement symbolique même si les Japonais avaient, toutefois, tenté d'établir une autorité centrale dès les Ve et VIe siècles. La constitution de 604 confirma l'autorité de l'empereur sur la noblesse alors que les réformes nationales de 646 étendirent son pouvoir à tout le pays. Nara devint la capitale administrative du Japon ainsi que le lieu de résidence de la cour impériale. La puissance impériale devint indissociable de l'autorité spirituelle et de la popularité dont jouissait le bouddhisme, credo importé de Chine via la péninsule coréenne toute proche.

Mais le Japon, à la différence de la Corée, ne réussit pas à transplanter l'exemple chinois, ô combien admiré, d'une administration hiérarchique et centralisée. Les monastères bouddhistes et les grandes familles se virent attribuer des domaines privés en récompense de leurs services à la Couronne, ce qui amoindrit d'autant le patrimoine impérial.

En 794, la cour impériale s'installa à Heian (actuelle Kyoto) afin de fuir l'influence politique des moines bouddhistes de Nara. Les empereurs qui se succédèrent furent dominés par le clan Fujiwara qui, du fait de nombreux mariages avec des membres de la famille impériale, devint la plus grande puissance du pays. Le Japon n'ayant pas d'armée nationale, les provinces étaient dirigées par les monastères et par les armées privées mises en place par la noblesse. Les samouraïs parcouraient les campagnes et observaient un code qui leur était propre. Au XIIe siècle, alors que le pouvoir du clan Fujiwara était sur le déclin, les samouraïs eurent de plus en plus d'influence sur la vie politique à la cour.

Les shoguns, chefs militaires suprêmes, gouvernaient avec l'aide de shugos, fonctionnaires provinciaux. Si, dans un premier temps, ces derniers n'eurent aucun pouvoir réel, progressivement la situation changea à leur profit, les shugos finissant par devenir les véritables dirigeants des provinces jusqu'à la perte de leur suprématie après la guerre civile de 1467-1477, déclenchée par un conflit entre toutes les grandes familles à propos de la succession du shogunat. C'est une nouvelle classe constituée de guerriers féodaux et d'éminences grises, les daimyos, qui sortit victorieuse du conflit. Les samouraïs constituaient les forces des armées privées des daimyos, ce qui donna lieu à des guerres intestines. En échange, les daimyos leur attribuèrent de petits domaines. Si, en Occident, le féodalisme conduisit à la mise en place de structures juridiques et politiques, au Japon, la situation fut toute autre. Chaque région était gouvernée par un daimyo qui, de son château, veillait au développement commercial, urbain et artistique. Dans leur forteresse, certains daimyos favorisaient le développement du théâtre No, la peinture et la poésie en prose et encourageaient la pratique de rites tels que la cérémonie du thé. Bien que le pays soit fragmenté, une culture nationale commençait ainsi à voir le jour.

La prise du pouvoir par Ieyasu Tokugawa

L'homme qui mit fin au chaos en instaurant un despotisme centralisé commença sa vie comme victime à une époque où régnait l'anarchie. Ieyasu Tokugawa naquit le 31 janvier 1543 au sein d'une famille de guerriers aux prises avec d'autres clans. Pour se faire des alliés, le père d'Ieyasu Tokugawa n'hésita pas à briser sa famille, sa femme se voyant obliger d'abandonner son fils de deux ans. À 7 ans, Ieyasu fut pris comme otage par le clan Imagawa. Deux ans plus tard, son père fut assassiné par l'un de ses vassaux. Le clan Imagawa donna une éducation de guerrier et d'administrateur à Ieyasu

Tokugawa, qui mena ses premières campagnes au nom du clan. À cette époque, l'une des figures dominantes du Japon était Nobunaga Oda, avec lequel Ieyasu Tokugawa s'allia après la victoire de Nobunaga Oda sur le clan Imagawa.

Nobunaga Oda s'empara de Kyoto et commença une campagne antibouddhiste, massacrant les moines et détruisant les temples. Les Portugais ayant, à cette époque, introduit les armes à feu dans le pays, les Japonais se mirent à reproduire des mousquets et modifièrent leurs stratégies. Nobunaga Oda mit à profit ces évolutions et devint un homme dont la puissance s'afficha dans son château d'Azuchi, construit sur les rives du lac Biwa, au centre du Japon. À la différence des premiers châteaux, citadelles construites dans des sites montagneux isolés, le château d'Azuchi fut bâti dans une plaine, étant de ce fait non seulement une plate-forme militaire mais également politique et administrative. Ieyasu Tokugawa retourna sur les terres de sa famille situées près de Nagoya, au centre de la côte est, où il mit en place un régime fiscal et un système d'administration civile pour financer et diriger sa petite armée. Durant les années 1570, il s'imposa à la place du clan Imagawa et devint le daimyo d'une région prospère et très peuplée.

Nobunaga Oda, suite à l'attaque de l'un de ses vassaux, décéda en 1582. Hideyoshi Toyotomi lui succéda. Dans les années 1580, Hideyoshi Toyotomi affirma son autorité sur le daimyo du sud-ouest du Japon. Suite à sa victoire sur le clan Hojo, il prit également le contrôle de l'est du Japon. Hideyoshi Toyotomi suggéra à son allié Ieyasu Tokugawa d'échanger ses provinces sur la côte contre les terres appartenant au clan Hojo plus à l'est. C'est ainsi que les vassaux et l'armée d'Ieyasu Tokugawa s'installèrent à Edo, village de pêcheurs, qui deviendra Tokyo.

Hideyoshi Toyotomi, dans son vaste domaine, et Ieyasu Tokugawa, sur un territoire plus petit, mirent en place des politiques dans le seul et unique but de renforcer leur autorité. Hideyoshi Toyotomi interdit aux paysans de détenir des armes et insista sur le fait que les samouraïs devaient désormais vivre dans les villes fortifiées et non plus parcourir les campagnes, toujours prêts à soutenir les rébellions paysannes. Il imposa des mesures cadastrales et préleva des impôts fondés sur la superficie des domaines. Il interdit le christianisme, arrivé au Japon avec les Portugais en 1572. De son côté, Ieyasu Tokugawa fit administrer les grands domaines par des fonctionnaires qu'il nommait lui-même. Il fit effectuer des relevés cadastraux et confisqua leurs armes aux paysans. Il encouragea les artisans et les commerçants à venir s'installer auprès de lui.

Le Japon durant l'ère Tokugawa

Après sa victoire à Sekigahara, Ieyasu Tokugawa imposa nombre de règlements et mit en place des institutions administratives pour contrôler les faits et gestes de la noblesse, du clergé bouddhiste et des daimyos, son objectif étant de créer un État stable et autonome par des moyens autocratiques. L'agriculture et le commerce furent séparés, les investissements privés interdits et seules cinq voies sous le contrôle de l'empereur et convergeant toutes vers la cour relièrent entre elles les différentes régions du pays. Les Japonais n'eurent plus le droit de se rendre à l'étranger, démarche rendue d'autant plus impossible par l'interdiction en 1638 de fabriquer des gros navires.

Les Japonais se montrèrent de plus en plus hostiles au commerce, redoutant de voir, comme à Goa, Malacca et Macao, les missionnaires arriver dans le sillage des commerçants. Le missionnaire jésuite François Xavier arriva au Japon en 1549 et la conversion au catholicisme ne se fit pas attendre. En 1615, près de 500 000 Japonais sur une population totale de 18 millions d'habitants étaient chrétiens. Ieyasu Tokugawa décida alors de partir en guerre contre le catholicisme. Le point culminant fut le massacre de 37 000 chrétiens japonais au château d'Hara près de Nagasaki suite à la rébellion des paysans chrétiens aidés de mercenaires samouraïs. L'ère Tokugawa compta officiellement 3 125 martyrs catholiques. Tous les Japonais furent obligés de s'inscrire dans le temple bouddhiste de leur ville et toute foi autre que le bouddhisme fut formellement interdite.

Pour surveiller les daimyos, Ieyasu Tokugawa et, plus tard, son fils, leurs confièrent moult tâches notamment la construction, l'agrandissement et l'embellissement de leur château à Edo qui, à la mort d'Ieyasu Tokugawa, était le plus grand château du monde. Autour du château étaient regroupés les manoirs dans lesquels vivaient les daimyos qui n'étaient ni plus ni moins que des otages. Ieyasu Tokugawa était hanté par une question : qui allait succéder à son fils, Hidetada Tokugawa, notamment lorsque Hideyori Toyotomi, fils et héritier de Hideyoshi Toyotomi, aurait atteint sa majorité en 1614 ? À 71 ans, il partit à la conquête du château d'Osaka à la tête de son armée et écrasa le clan Toyotomi avec l'aide d'Hidetada Tokugawa, qui avait constitué une armée de 90 000 guerriers. Après un an de combat, le château tomba aux mains d'Ieyasu Tokugawa. Hideyori Toyotomi et les membres de sa famille se suicidèrent, mettant ainsi fin au clan Toyotomi.

Ieyasu Tokugawa fut à l'origine de l'isolationnisme qui caractérisa l'ère Edo (1603-1867) dominée par le shogunat Tokugawa et marquée par une période de paix inégalée dans les sociétés développées. Sur le plan économique, le Japon était depuis longtemps prospère : les villes fleurissaient et l'agriculture se développait. Au début du XVIIIe siècle, le Japon comptait quelque 30 millions d'habitants. Le commerce extérieur étant pratiquement inexistant, l'État était presque exclusivement financé par les impôts prélevés sur des paysans qui, accablés, furent souvent obligés d'abandonner leurs terres. Les samouraïs s'endettèrent de plus en plus et, dans les campagnes, le mécontentement se fit de plus en plus sentir. En ces temps de paix, l'armée était inoccupée et les samouraïs ayant reçu une éducation rejoignirent les rangs des bureaucrates qui occupaient les postes administratifs les plus élevés créés par Ieyasu et encore en place aujourd'hui. Les quelques personnes qui détenaient le pouvoir encouragèrent également le développement culturel. C'est à cette période que la culture japonaise, qui se distinguait nettement de la culture des pays asiatiques voisins, se mit en place et s'imposa. Vouloir à tout prix tenir l'Occident à l'écart fut une politique qui coûta cher au Japon. Impossible pour le Japon de profiter de la technologie occidentale sans accepter de faire des concessions ; or, qui dit technologie occidentale, dit puissance occidentale. Une société isolée devient toujours vulnérable face au « barbare » qu'elle évite par peur.

14 mai 1607

La fondation de Jamestown, Virginie (États-Unis)

La première colonie britannique permanente en Amérique du Nord

« *Rusés, craintifs, inquiets et très astucieux. Certains sont peureux de nature, d'autres sont hardis, la plupart sont prudents mais tous sont féroces. Généralement avides d'argent, de perles et autre camelote.* »

Description des autochtones faite par John Smith en 1612

La London Company et la Plymouth Company, créées par charte royale en 1606 en vue d'établir des colonies sur le sol américain, sont le résultat du traité de paix signé par le roi Jacques 1er d'Angleterre avec l'Espagne en 1604. L'Angleterre doit mettre en place une politique coloniale pour faire oublier les actes de piraterie auxquels elle se livre et dont l'Espagne fait les frais dans les Caraïbes. C'est ainsi que la London Company fonde la première plantation britannique permanente en Amérique du Nord. Sur les 144 hommes qui ont embarqué sur trois petits navires, le *Susan Constant*, le *Godspeed* et le *Discovery*, sous le commandement du capitaine Chistopher Newport, 105 survivants arrivent à bon port le 14 mai 1607.

La destination n'est pas choisie au hasard. En effet, le fleuve James est suffisamment large et ses eaux suffisamment profondes pour permettre aux navires britanniques de parcourir quelque 80 kilomètres jusqu'à une île située sur la rive gauche, lieu de défense naturel. C'est à cet endroit que – pour des raisons stratégiques – les colons décident de bâtir un fort : Jamestown. La côte très découpée offre de nombreux lieux pour accoster, permettant le ravitaillement par voie maritime de la plantation, alors que les terres très boisées abritent quantité de gibiers. Malgré cet emplacement idéal, fin 1607, la plantation ne compte plus que 38 survivants sur les 105 ayant accosté quelques mois plus tôt. La région très marécageuse est en effet touchée par la malaria alors que le scorbut et la dysenterie font des ravages. Devant de telles conditions de vie, les hommes se rebellent. Le capitaine John Smith parvient à étouffer la mutinerie et oblige les colons à rester sur la plantation. Durant l'année 1608-1609, en qualité de président de la colonie, il réussit à convaincre les autochtones d'approvisionner ses hommes en maïs et le bétail commence à se reproduire.

À partir de 1611, des centaines de colons arrivent – et des centaines meurent. Il faut dix années pour que la population passe à mille âmes. En 1630, la Virginie compte encore seulement 2 500 colons. John Smith se plaint que les colons ne sont pas « d'assez bons cultivateurs » et qu'ils ont des « lacunes en mécanique ». Des colons quittent la colonie pour aller vivre avec les autochtones, d'autres se réfugient dans l'alcool. En 1622, le chef des Amérindiens Opechancanough massacre un tiers des colons ; ce sont les armes acheminées d'Angleterre par la London Company qui permettent aux colons de survivre. Elles sont loin les premières années durant lesquelles les colons s'amusaient à voir les autochtones vivre dans les bois et les femmes amérindiennes poursuivre le capitaine John Smith quelque peu gêné par la situation.

La première colonisation d'Amérique du Nord

La colonisation de l'Amérique du Nord par les Anglais fut, dans un premier temps, une réaction face à la conquête espagnole dans le sud, même si les Anglais revendiquèrent la découverte de Terre-Neuve et de ses grands bancs de morue lors de l'expédition menée en 1497 par l'Italien Giovanni Cabotto qui, après avoir pris la nationalité britannique, devint John Cabot.

Walter Raleigh fonda (sans jamais y mettre les pieds) la colonie de Virginie – baptisée ainsi en l'honneur de la reine vierge, Élisabeth Ire – qui s'étendait sur une grande partie de la côte qui part du nord de la Floride pour remonter jusqu'au sud de l'actuelle Nouvelle-Angleterre. Les colons qui débarquent avec John Cabot en 1589 sur l'île de Roanoke, au large des côtes de la Caroline du Nord, seront ramenés en Angleterre l'année suivante par Francis Drake.

Les fourrures et les poissons de l'Amérique du Nord attiraient les colons mais le sol qui, à ce jour, n'avait jamais été cultivé, ne livrera ses richesses qu'au prix d'un dur labeur. À la différence de l'Amérique du Sud, les terres d'Amérique du Nord n'avaient ni or ni argent ni esclaves à offrir et ceux qui s'y rendaient avaient d'autres objectifs. En 1600, Richard Hakluyt publia un ouvrage intitulé *Principal Navigations, Voyages, and Discoveries of the English Nation* dans lequel il se livra à une véritable propagande en faveur des plantations. Il sut séduire nombre de propriétaires ambitieux désireux de fuir un régime néo-féodal et qui, en quête de liberté, n'hésitèrent pas à traverser l'Atlantique. Par ailleurs, les gouvernements sous les règnes des Tudor et des Stuart virent dans les plantations une manière de réinsérer les criminels.

L'arrivée des premiers esclaves

Les investisseurs de la London Company et de la Plymouth Company, qui avaient payé la coquette somme de 12,10 £ par action, entendaient bien toucher en retour un bénéfice qui se faisait attendre. En 1624, la London Company fit faillite et la Virginie devint une colonie gérée par la couronne anglaise. Cependant, avant de faire faillite, Edwin Sandys, alors à la tête de la compagnie, avait mis en place un système de répartition des terres, chaque colon se voyant attribuer 25 hectares et autant pour chaque personne à charge de famille qu'il réussissait à faire venir en Virginie. Les Virginiens prirent d'un seul coup conscience que l'Amérique était synonyme d'indépendance économique. Edwin Sandys avait également mis en place l'Assemblée générale de Virginie. Ce parlement constitué de représentants des colons se réunit dès 1619 et, en 1635, ses membres se sentant capables de se gérer eux-mêmes, les Virginiens destituèrent le gouverneur en place. La couronne anglaise se vit contrainte d'accepter un gouvernement par consentement afin de mettre fin à l'anarchie naissante qui frappait la Virginie.

Toutes les fabriques qui tentaient de s'implanter faisant faillite, les colons se tournèrent vers la culture du tabac, que Walter Raleigh, en bon entrepreneur, avait rendu populaire en Angleterre. Si le climat était propice à la culture du tabac, la plante appauvrissait considérablement le sol, ce qui poussa les cultivateurs à empiéter sur les terres plus à l'ouest. Grâce à une production massive et à des prix de vente peu élevés, l'exportation du tabac était aisé pour la Virginie. Les propriétaires exploitants voulaient produire toujours plus mais rares furent les colons qui acceptèrent de trimer dans les champs pour un salaire de misère. La solution fut de faire venir des esclaves d'Afrique. Au XVIIe siècle, alors que les colons s'enrichissaient et que le prix auquel étaient vendus les esclaves baissait – l'offre étant très élevée –, commencèrent pour l'Amérique un développement économique, une tragédie humaine et un traumatisme politique qui allaient perdurer longtemps.

23 mai 1618

La défenestration de Prague

Le début de la guerre de Trente Ans

« *Cette affaire, c'est comme mettre le feu à toute la chrétienté.* »

Dudley Carleton, ambassadeur d'Angleterre à La Haye, 18 septembre 1619

Le conflit armé entre les puissances catholiques et protestantes du Saint Empire débute lorsqu'une délégation de nobles de Bohême pénètre par la force dans le château royal de Hradschin à Prague, afin de protester contre les politiques catholiques imposées en Bohême (qui, aujourd'hui, fait partie de la République tchèque), pays hérité par la maison autrichienne de Habsbourg en 1526.

La rébellion conduite par le réformateur Jan Huss (1369-1415) – rébellion qui lui valut de mourir sur le bûcher – fit de la Bohême un territoire propice au développement du protestantisme. Mais Matthias, empereur du Saint Empire de 1612 à 1619, choisit pour lui succéder son cousin, l'archiduc catholique Ferdinand de Styrie. Or, une fois au pouvoir, ce fervent catholique poursuit une politique intransigeante vis-à-vis des protestants. Jaroslav Martini et Wilhelm Slavata, les deux régents qui gouvernent la Bohême au nom du roi Habsbourg et de l'empereur, doivent affronter la colère des protestants. Les attaques contre les temples protestants trahissent la charte de 1609 signée par l'empereur Rodolphe II proclamant le principe de liberté religieuse. Ferdinand décide également que le souverain qui désormais monterait sur le trône ne serait plus élu par les États représentatifs du pays. Ces prises de position conduisent à des actes de violence qui s'inspirent de la défenestration qui eut lieu durant la révolte des hussites. Les deux régents sont jetés par l'une des fenêtres du château et atterrissent quelque 15 mètres plus bas sur un tas de fumier qui amortit leur chute.

Le comte Heinrich von Thurm est à la tête de la rébellion protestante. L'Union protestante envoie une armée commandée par le comte Ernst von Mansfeld pour venir en aide au comte von Thurm et à ses hommes. Wenceslas William von Ruppa met en place un gouvernement provisoire à la place de la maison de Habsbourg. Les princes de l'Union évangélique des protestants allemands dirigée par Frédéric V, prince-électeur du Palatinat, sont prêts à affronter la Sainte Ligue catholique des princes allemands fondée par Maximilien de Bavière. La mort, en mars 1619, de l'empereur Matthias ne fait qu'aggraver la crise. En effet, Ferdinand, qui prend alors le titre de Ferdinand II de Bohême, est élu empereur pour succéder à Matthias. Les États de Bohême destituent Ferdinand et élisent à sa place Frédéric V (comte du Palatinat) qui, en novembre, est couronné dans la cathédrale Saint-Guy de Prague.

Les calvinistes radicaux suivent Frédéric jusqu'à Prague et éliminent les icônes, les tableaux et les statues dans les églises. L'épouse de Frédéric V, Élisabeth d'Angleterre, fille aînée de Jacques Ier, exige que le crucifix catholique du pont Charles de Prague, qu'elle appelle « le baigneur nu », soit jeté dans le fleuve Vltava. La nouvelle de l'iconoclasme et de la défenestration se répandent à travers l'Europe par le biais de feuillets volants illustrés.

Pendant ce temps, Frédéric V se présente comme le champion du protestantisme européen, alors que les membres de la branche espagnole des Habsbourg, pour sauver leurs possessions dans les territoires de Naples et en Sicile, se préparent à intervenir en défenseurs du catholicisme.

Les antécédents de la défenestration de Prague

Depuis la paix d'Augsbourg qui, en 1555, mit fin aux hostilités entre les luthériens et les catholiques, les États allemands ont établi une séparation entre les États protestants et catholiques, les populations de chacun d'eux respectant un principe fondamental : « à tel prince, telle religion ». Si le traité de paix suspendit les combats entre les deux clans, il ne se traduisit aucunement par une tolérance religieuse (hormis dans les cités impériales) et ne s'appliqua qu'aux catholiques et aux luthériens et non aux calvinistes. Les Églises allemandes, avec des programmes d'éducation et d'aide sociale, furent administrées par les princes. Le précepte chrétien fut, toutefois, associé à l'autorité princière, ce qui déboucha sur un concept nouveau : l'État-providence. L'empereur Rodolphe II, doux rêveur cultivé et introverti, s'installa au château de Hradschin où il s'entoura d'astronomes et d'alchimistes. Il se positionna en faveur de la Contre-Réforme et imposa sa politique dans les territoires catholiques de l'empire. Mais c'est son frère, Matthias, plus actif, à qui il céda le pouvoir, qui entreprit de restaurer l'autorité de la maison autrichienne de Habsbourg.

À la même période, le calvinisme était une présence dynamique de plus en plus importante dans le territoire du prince-électeur du Palatinat à l'ouest de l'Allemagne. La région devint le point central d'un réseau calviniste international comptant des membres allemands, français, hollandais et bohémiens. Le luthéranisme, dont le plus grand défenseur était le duché électoral de Saxe, avait pour objectif la stabilité de l'État et prêchait l'obéissance envers la volonté du dirigeant. Ferdinand, alors archiduc d'Autriche, fut, à partir de 1596, responsable de l'extermination brutale du protestantisme en Styrie, en Carinthie et en Carniole. En 1609, Maximilien Ier de Bavière fonda – avec le soutien des Espagnols – la Sainte Ligue catholique alors que Frédéric IV du Palatinat créa, en 1608, un mouvement équivalent protestant appelé l'Union protestante des princes allemands, liée à la France, l'Angleterre et aux Provinces-Unies. Alors que le conflit entre les catholiques et les protestants s'amplifiait, l'empereur Rodolphe fut obligé de concéder la liberté religieuse aux États hongrois en 1606 et, plus tard, aux États de Bohême. Son frère, Matthias, fut élu roi par les États d'Autriche, de Hongrie et de Moravie. Une fois nommé empereur, Matthias autorisa les États de Bohême à élire leur roi. Ferdinand incarna alors une régression sauvage en Autriche.

La guerre de Trente Ans (1618-1648)

La guerre de Trente Ans se déroula en quatre phases et illustra, comme le dit le roi de Suède Gustave Adolphe, « comment les choses en arrivent à un point tel que toutes les guerres menées en Europe se mélangent pour n'être plus qu'un seul et même conflit ». Lors de la première phase (1618-1623), les forces catholiques l'emportèrent suite à la défaite des protestants à la bataille de la montagne Blanche près de Prague en 1620 : Heidelberg dans le Palatinat fut prise d'assaut ; la Westphalie et la Saxe inférieure furent occupées ; Ferdinand revint sur le trône. La Bohême fut désormais directement gouvernée par Vienne. Le pays redevint par force catholique et la culture allemande fut imposée à la population.

Christian IV, roi du Danemark et de Norvège, devint l'un des protagonistes lors de la deuxième phase du conflit (1625-1629). Un membre de la noblesse de Bohême, Albrecht von Wallenstein, converti au catholicisme, prit la tête d'une armée de mercenaires et asservit la plus grande partie de l'Allemagne du Nord, après avoir repoussé l'armée hollandaise dans la péninsule du Jutland. En mars 1629, avec l'édit de Restitution, Ferdinand II ordonna à tous les protestants de rendre les terres ecclésiastiques acquises suite à la paix d'Augsbourg (1555) et lorsqu'Albrecht von Wallenstein, dont l'armée de mercenaires était composée de nombreux non-catholiques, s'opposa à l'édit, il fut destitué de ses fonctions.

Gustave Adolphe de Suède s'illustra durant la troisième phase (1628-1635). Le roi protestant fut soutenu par la France pour des raisons tactiques anti-Habsbourg. Le 17 septembre 1631, lors de la bataille de Breitenfeld, il libéra le Palatinat et pénétra en Bavière. Les Suédois menaçant de s'emparer de Vienne, l'empereur fut obligé de rappeler Albrecht von Wallenstein. Le 6 novembre 1632, les Suédois l'emportèrent à la bataille de Lützen au cours de laquelle Gustave Adolphe fut tué. La ligue de Heilbronn, formée par les protestants du Sud de l'Allemagne, de France et de Suède, raviva la cause protestante et Albrecht von Wallenstein décida d'entreprendre personnellement des négociations de paix avec les Suédois et leurs alliés de Saxe, ce qui lui valut d'être banni de l'Empire puis assassiné. En 1634, lors de la bataille de Nördlingen, les Suédois perdirent le contrôle de l'Allemagne du Sud. En 1635, Ferdinand II signa le traité de paix de Prague avec les princes luthériens.

Au cours de la quatrième et dernière phase du conflit (1635-1648), la France offrit sa protection à la ligue de Heilbronn dont les membres calvinistes avaient été exclus suite aux articles du traité de paix de 1635. La France, n'agissant que dans son propre intérêt, déclara la guerre à l'Espagne, s'allia avec la Suède et envahit l'Alsace. La guerre se jouait désormais sur trois fronts : aux Pays-Bas, sur le Rhin et dans la Saxe. En 1638, les Français prirent Breisach tandis que leur victoire à Rocroi dans les Ardennes fut un coup décisif qui stoppa net l'avancée des Espagnols. La mort de l'empereur Ferdinand II et l'accession au trône de Ferdinand III (1637-1657) menèrent à des négociations de paix informelles qui aboutirent au traité de Westphalie en 1648.

L'Europe après la guerre

Le traité confirma la suprématie franco-suédoise ainsi que la subordination de la maison de Habsbourg aux princes allemands. Les calvinistes jouissaient désormais des mêmes droits que les catholiques et les luthériens. C'est en 1624 que fut précisé à qui appartenait les terres et les bâtiments ecclésiastiques. Les citoyens eurent le droit de changer de religion, sauf dans le Haut-Palatinat et sur les terres transmises d'empereur en empereur où seul le catholicisme fut toléré. Le traité de 1648 donna aux princes allemands le droit de signer des traités étrangers alors que toute la législation impériale devait être approuvée par la

Diète. La Bavière resta un électorat alors que le Palatinat, quant à lui, retrouva son statut d'électorat. La Suisse et les Provinces-Unies se virent accorder leur indépendance et quittèrent l'empire. La puissance française fut confirmée. La France reçut le sud de la Haute-Alsace et acquit les villes de Metz, Toul et Verdun. Ses points frontaliers sur le Rhin furent sécurisés par des têtes de pont à Breisach et Philippsburg. L'État de Brandebourg engloba l'est de la Poméranie, ayant de ce fait une nouvelle frontière avec la Pologne. La Suède reçut l'ouest de la Poméranie, y compris Szczecin, ainsi que Brême et Verden. Les embouchures des trois grands fleuves d'Allemagne – le Rhin, l'Elbe et l'Oder – furent respectivement sous le contrôle des Hollandais, des Danois et des Suédois, le milieu du Rhin étant sous le contrôle des Français. Le ressentiment allemand fut tel que l'Allemagne exigea plus tard que les fleuves lui soient restitués. L'Autriche, qui jadis fut un empire, n'était plus que l'un des quatre États prédominants de l'Allemagne au même titre que la Bavière, la Saxe et le Brandebourg-Prusse. La guerre entre la France et l'Espagne dura jusqu'en 1659.

L'idéal d'une chrétienté unie disparut et fut remplacé par un continent européen dont les pays toléraient la souveraineté de chacun à l'intérieur de frontières définies par tous. La chasse aux sorcières et les persécutions qui en découlèrent furent une conséquence de la paranoïa qui régnait à l'époque. Mais le carnage de la guerre confirma la vision éclairée qu'un État laïc et une tolérance religieuse étaient les seules façons de mettre en place une paix et de la garder en Europe. La Westphalie reconnut qu'un sujet dont la foi était différente de celle de son roi n'était pas pour autant un traître.

La guerre de Trente Ans fut la première guerre civile européenne et il faudra attendre 1914 pour qu'un conflit identique se reproduise. La population allemande chuta de 21 millions à quelque 13 millions d'habitants. Les centres urbains perdirent 30 % de leur population contre environ 60 % pour les zones rurales. Les terres agricoles devinrent des pâtures et le servage fut remis à l'ordre du jour afin d'empêcher une main-d'œuvre déjà peu nombreuse de quitter les régions désormais désertées. Au-delà de l'Allemagne, la crise générale qui frappait l'Europe dans les années 1640 révéla les problèmes internes auxquels étaient confrontés les pouvoirs centraux. La France, victorieuse à l'étranger, fut ébranlée par la Fronde, rébellion aristocratique (1648-1653). La guerre civile en Angleterre fut aussi un conflit irlandais et écossais. L'Espagne connut des rébellions en Catalogne et au Portugal. Les cosaques se révoltèrent en Pologne-Lituanie. Les bases de l'ordre international n'étaient guère plus sûres que l'illusion perdue d'une chrétienté unie.

5 juin 1661

Isaac Newton entre au Trinity College de Cambridge

Les débuts de la science moderne

« *La nature n'est pas simplement un corps organisé comme une horloge... c'est un corps vivant qui a une existence et une perception [...].* »

The Principles of the Most Ancient and Modern Philosophy, livre posthume de lady Anne Conway, philosophe autodidacte, 1692

12 septembre 1683

Les Ottomans renoncent au siège de Vienne

La chance tourne et marque la fin de l'expansion turque en Europe

« Il y a neuf cuisines dans ce sérail [...] pour nourrir 13 400 personnes dont plus de 800 femmes et presqu'autant d'eunuques. »

Le médecin personnel du sultan décrit les aménagements du palais de Topkapi à Constantinople, vers 1620

De juillet à septembre 1683, Vienne est assiégée par une armée ottomane tandis que les princes allemands affrontent les armées de Louis XIV sur le Rhin. Devoir gérer deux guerres simultanément sur les fronts ouest et est se reproduira dans l'histoire de l'Allemagne. L'aide vient du roi de Pologne, vaste pays qui comprend alors la Lituanie et s'étend jusqu'en Europe centrale. Jean III Sobieski se lance dans la guerre contre les Turcs pour fuir les conflits internes qui l'opposent à la noblesse polonaise et, aidé par les subventions versées à la Pologne par l'Autriche, il organise début septembre la défense de la ville de Vienne.

Au matin du 12 septembre, Jean III Sobieski prie dans la chapelle située sur la colline de Kahlenberg près de Vienne. L'après-midi, il dévale au grand galop la colline à la tête de ses troupes qu'il lâche littéralement sur l'armée ottomane. Les ennemis sont massacrés. Les survivants n'ont qu'un but, fuir. Les hussards, cavaliers armés de lances entraînés à l'attaque, se montrent d'une grande efficacité. Le lendemain, le roi de Pologne s'assoit sous la tente du grand vizir, Kara Mustafa de Merzifon (1634-1683), pour relater en détail, dans une lettre adressée à son épouse, comment s'est déroulée la bataille. « Le vizir a pris la fuite à dos de cheval, laissant derrière lui suffisamment de poudre et de munitions pour un million d'hommes. » Selon le roi, le campement turc est aussi grand que la ville de Varsovie. Les Turcs n'ont pas hésité à abandonner les janissaires (garde personnelle du sultan) dans les tranchées après avoir tué autant d'Autrichiens qu'ils le pouvaient. « Le vizir avait une magnifique autruche – qui elle aussi fut tuée par le vizir […]. » De toute évidence, les Ottomans avaient tenu à être confortablement installés durant le siège. « Le vizir a fait construire des bains, des jardins et des fontaines ; il a des lapins, des chats et même un perroquet que nous n'avons jamais réussi à attraper [...] .» Plus tard, Jean III Sobieski enverra le drapeau vert de l'Empire ottoman au pape avec, pour commentaire, la phrase que Charles Quint prononça après avoir vaincu les forces protestantes allemandes à la bataille de Mühlberg : « *Veni, vidi, Deus vicit* » (« Je suis venu, j'ai vu et Dieu a vaincu »). Le vizir est décapité à Belgrade sur ordre du sultan. Sa tête sera envoyée à Constantinople et remise au sultan sur un plateau d'argent.

Les conséquences de la défaite sur l'Empire ottoman

Les Köprülü, famille albanaise d'où furent issus pendant trente années les vizirs, décidèrent d'agrandir l'Empire ottoman pour fuir les difficultés nationales alors qu'ils essayaient tant bien que mal de discipliner et gérer les janissaires. Une succession très controversée en Transylvanie mit les Turcs en opposition directe avec la maison autrichienne de Habsbourg et l'armée ottomane attaqua l'Europe centrale, y compris la province polonaise de Podolie.

Les Turcs s'allièrent officiellement aux protestants hongrois qui, sous le commandement du comte Imre Thököly, se rebellèrent contre les persécutions ordonnées par la maison de Habsbourg. Après la bataille de Saint-Gothard, la Hongrie fut morcelée et l'Autriche obligée de payer un tribut aux

Ottomans. En faisant de la Hongrie un État vassal, les forces ottomanes se rapprochaient du bassin du Danube en direction de Vienne.

Après leur défaite à Vienne, les Turcs battirent en retraite sous les attaques de la Sainte Alliance formée en 1684 et constituée, dans un premier temps, de l'Autriche, de la Pologne, de Venise et, par la suite, de la Russie. Le retrait de la Turquie se poursuivit jusqu'en 1918. La libération de la Hongrie fut la concrétisation d'un objectif que les Habsbourg avaient à cœur depuis fort longtemps. La Diète impériale qui s'était réunie à Presbourg (actuelle Bratislava) transféra la couronne hongroise aux Habsbourg et conduisit à la création d'une monarchie austro-hongroise. Le traité de paix de Karlowitz signé en 1699 confirma la restitution de la Hongrie à l'Autriche, de la Podolie à la Pologne, de la ville d'Azov à la Moscovie et de Morée (actuel Péloponnèse) à Venise. Grâce à ce traité de paix, l'Autriche retrouva son statut de grande puissance. Dès 1699, les Ottomans prirent conscience que les provinces qu'ils possédaient en Europe étaient enclavées entre l'Autriche à l'ouest et la puissance russe à l'est. Le XVIIIe siècle connut trois guerres russo-turques qui se soldèrent par la prise de contrôle de toute la côte nord de la mer Noire par les Russes. Le tsar de Russie devint le protecteur des sujets chrétiens orthodoxes de Turquie, bien que la majeure partie des Balkans reste sous la domination turque. La « question de l'Est de l'Europe » se posa alors. L'Autriche prit par deux fois la ville de Belgrade, soutenue par nombre de Serbes opposés aux forces ottomanes. Mais c'est la Russie qui profita le plus de la situation, en tant que grand défenseur panslave des Serbes. La Grèce commença également à regarder vers les Russes, le peuple ayant, au cours du XVIIIe siècle, pris conscience de l'identité nationale hellénique.

L'Europe après le retrait des Ottomans

L'Empire austro-hongrois qui vit le jour au XVIIIe siècle est un État multinational constitué de 11 nationalités différentes réunies à cause de plusieurs éléments : la menace toujours présente de la Turquie, la dynastie des Habsbourg et sa noblesse, le catholicisme et une administration précaire. Vienne redevint une cité impériale embellie par les fastes de l'art baroque. Le slogan « l'Autriche peut accomplir tout ce qu'elle veut du moment qu'elle le veut vraiment » devint à la fois une aspiration populaire et l'exemple d'une ironie dont Vienne avait parfaitement conscience. Les gaspillages de la bureaucratie, l'économie protectionniste et la mauvaise gestion des budgets de l'État créèrent une situation qui perdura jusqu'en 1918. Les monopoles garantis par la production de sel, de fer et de textiles en Silésie et dans les villes de Linz et de Graz, de la soie à Sankt Pölten et du verre en Bohême n'arrivèrent pas à essuyer l'endettement chronique de l'État. En 1711, suite aux rébellions de la noblesse hongroise, l'Autriche fut obligée d'accorder à la Hongrie le droit de s'auto-administrer tout en respectant les lois promulguées par la Diète impériale. La prise de conscience nationale hongroise, à la différence de ce qui se passa en Tchécoslovaquie, ne fut pas réprimée et ouvrit la voie à la fondation, à la fin du XVIIIe siècle, de l'université de Budapest et à la renaissance littéraire du hongrois ou magyar.

Beaucoup d'énergie diplomatique fut dépensée pour que soit reconnue la Pragmatique Sanction qui permettait à une fille de monter sur le trône. En effet, l'empereur Charles VI n'ayant pas de fils, sa fille Marie-Thérèse (1717-1780) devait lui succéder. Mais elle n'aura que le titre d'archiduchesse d'Autriche, le prince-électeur de Bavière s'emparant du trône impérial à la mort de l'empereur. Le titre d'archiduc fut alors transféré au mari de Marie-Thérèse, François Ier du Saint Empire – qu'elle fera ensuite élire empereur – et à son fils, Joseph II. La question de la succession conduisit également à la décision de Frédéric le Grand de Prusse d'envahir la Silésie autrichienne, l'une des plus riches possessions des Habsbourg. C'est ainsi que débuta la guerre de Succession d'Autriche.

L'État du Brandebourg-Prusse, avec son armée sous le contrôle d'officiers issus de l'aristocratie et fondée sur un système de conscriptions paysannes, et ses réformes dans les domaines de l'éducation et de l'aide sociale sortit des cendres de l'Allemagne du milieu du XVIIe siècle. La maison de Hohenzollern priva les domaines du droit de bénéficier de certains impôts et mit en place une noblesse exonérée de certaines taxes en retour d'une obéissance totale envers la maison royale. Dans le pays comme à l'étranger, le gouvernement prussien poursuivit une politique ambitieuse qui, dès sa mise en place, afficha un succès étonnant. Un réseau de routes, canaux et digues fut construit à l'intérieur du pays alors que la première colonie de Gross-Friedrichsburg en Afrique occidentale vit le jour en 1683. Sous Frédéric-Guillaume, grand électeur de 1640 à 1688, l'armée passa de 8 000 à 23 000 hommes et, lors de la bataille de Fehrbellin, remporta une victoire sur les Suédois, jusqu'alors considérés comme la plus grande armée d'Europe du Nord. Sous le règne de Frédéric-Guillaume Ier de Prusse (de 1713 à 1740), l'armée passa à 83 000 hommes pour une population totale d'à peine plus de 2 millions d'habitants. Le prince Léopold d'Anhalt-Dessau fut à l'origine de l'infanterie prussienne. L'université de Halle devint la première université de Prusse alors que l'édit de 1717 mit en place un système éducatif public de très grande qualité. Berlin fleurit elle aussi, mais différemment de Vienne.

En 1700, Frédéric III vendit le vote des grands électeurs aux Habsbourg en échange de la reconnaissance de la Prusse comme royauté indépendante. L'acquisition de la Silésie, reconnue par le traité de paix d'Aix-la-Chapelle, fut lourde de conséquences pour la Prusse qui accrut ainsi sa puissance alors que le partage de la Pologne entre la Prusse, l'Autriche et la Russie fut une politique qui unit trois puissances qui, sans cela, auraient été opposées, ce qui profita à chacune d'elles.

La Russie, sous les règnes de Pierre Ier et de Catherine II, fut l'autre puissance qui profita largement du retrait des Ottomans. Lors de la grande guerre du Nord (1700-1721), Pierre Ier remporta une victoire sur la Suède et son alliée, la Pologne-Lituanie : les provinces suédoises de Livonie et d'Ingrie furent prises d'assaut. C'est sur ce site que commença, en 1703, la fondation de la ville de Saint-Petersbourg, « la fenêtre sur l'Europe » du tsar et le symbole de l'adoption par ce même tsar des moyens technologiques occidentaux pour maintenir un gouvernement personnel des plus violents.

Les incompétences de la vieille armée moscovite firent place à un État qui sut s'adapter à la guerre. Des impôts locaux furent prélevés afin de subvenir aux besoins d'une armée permanente de plus de 300 000 hommes. Le servage et l'autocratie perdurèrent et furent même renforcés par l'introduction, en 1701, d'une nouvelle police secrète. Les prêtres furent obligés de rompre le secret de la confession et les nobles qui ne respectaient pas les devoirs imposés par l'État furent publiquement fustigés.

Catherine II trouva un compromis entre l'autocratie de Pierre Ier et l'obligation de servir le gouvernement imposé par la dynastie Romanov. Mais en concédant de nouveaux droits aux nobles, les Romanov ébranlèrent leur propre puissance. Ces contradictions et ces affaiblissements devinrent de plus en plus évidents. À l'époque, l'expansion territoriale de la Russie stupéfia le reste de l'Europe : la Russie absorba l'ensemble des provinces ottomanes sur la côte nord de la mer Noire et la Crimée avant de s'emparer du Caucase et de l'Asie centrale. La traversée de la Sibérie pour atteindre le Pacifique fut tout autant étonnante : dans les années 1740, les Russes explorèrent l'Alaska. L'Ukraine qui avait toujours été un État tampon entre la Russie et l'Empire ottoman se vit, à partir du milieu du XVIIIe siècle, octroyer son autonomie par le régime tsariste, la noblesse locale dirigeant la région. Mais, comme pour la Crimée, le retrait des Ottomans conduisit à son annexion. Tout comme en Pologne, l'immigration russe se traduisit par une russification du pays et la disparition des dialectes et des cultures locales.

Le morcellement de la Pologne

Mais les Polonais furent les plus grandes victimes de l'Europe du XVIIIe siècle. La Pologne fut divisée en trois, la Prusse et l'Autriche n'autorisant la présence d'une armée russe en Pologne qu'à la condition de se voir accorder une partie du territoire. L'élection en 1697 de Frédéric-Auguste, électeur de Saxe, à la tête de la Pologne sous le nom d'Auguste II, après sa rapide conversion au catholicisme, conduisit à un véritable désastre. La Pologne-Lituanie fut entraînée par la Saxe dans la grande guerre du Nord et se vit convoitée d'un côté par les Russes et de l'autre par les Suédois. Les troupes russes remirent le roi sur le trône mais malgré cela, Auguste II fut toujours considéré comme un pion. Lorsque les nobles polonais se révoltèrent contre lui, Pierre le Grand intervint et la Pologne passa alors sous le contrôle de la Russie. Pour préserver l'équilibre européen, les différentes puissances exigèrent alors une part du gâteau. La victoire du roi de Pologne à Vienne en 1683 contribua à la création du système international qui entraîna la dissolution de son propre pays.

11 avril 1713

La paix d'Utrecht

La fin de la suprématie de Louis XIV en Europe

« *À notre âge, maréchal, on n'a pas de chance.* »

Louis XIV, alors âgé de 68 ans, témoigne toute sa sympathie à François Villeroi après la défaite contre le duc de Marlborough à la bataille de Ramillies, 1706

26 août 1768

Le *Endeavour* quitte Plymouth

Le capitaine James Cook explore l'océan Pacifique et découvre la Nouvelle-Galles du Sud

« *Regardez autour de vous [...] observez la magnificence de notre métropole – l'étendue de notre empire – l'immensité de notre commerce et l'opulence de notre peuple.* »

Charles James Fox, premier secrétaire d'État aux Affaires étrangères (1782, 1783 et 1806) s'extasiant devant la grandeur et la richesse de l'Empire britannique

En août 1768, un navire à voile de trois mâts récemment rebaptisé *Endeavour* quitte le port de Plymouth. Le capitaine, James Cook, alors âgé de 40 ans (1728-1779), connaît parfaitement bien ce type de bateau pour avoir fait son apprentissage sur des navires du même genre dans la marine marchande en mer du Nord. Si, esthétiquement parlant, le navire n'a certes rien d'exceptionnel, sa robustesse et sa taille – 368 tonnes, 32 mètres de long et 10 mètres de large – surprennent. Le navire emporte des provisions pour 18 mois et, de ce fait, la coque du bateau a été enveloppée dans une sorte de fourreau en laine rempli de clous susceptible de résister aux attaques des tarets, mollusques des mers chaudes qui attaquent le bois. Après avoir été nommé à la hâte officier de la Royal Navy, James Cook reçoit l'ordre de faire voile vers Tahiti afin que, le 3 juin 1769, les membres de la Royal Society ayant pris place à bord puissent observer le passage de Vénus devant le Soleil. Cette observation devait permettre de calculer plus précisément la distance entre le Soleil et la Terre, ce qui aurait des répercussions majeures sur la navigation astronomique. Mais derrière cette mission se cache un autre objectif. En effet, après avoir observé le passage de Vénus, le navire devra faire voile vers le sud dans l'espoir de découvrir le continent *Terra Australis*, dont parlaient déjà Aristote et Ptolémée.

Cette première expédition scientifique dans l'océan Pacifique, menée par des professionnels expérimentés, reposait sur Joseph Banks, éminent botaniste et zoologiste, Daniel Solander, élève de Carl von Linné – botaniste suédois et père de la botanique moderne – deux dessinateurs, deux valets de pied attachés au service de Joseph Banks, deux serviteurs noirs et deux grands lévriers. Le navire avait à son bord quantité d'instruments scientifiques fournis par la Royal Society ainsi que nombre de contenants et de produits chimiques pour stocker et conserver les spécimens collectés. L'Amirauté avait toutefois omis de donner au capitaine un chronomètre, alors que John Harrison venait de recevoir un prix pour avoir inventé la montre de marine permettant de déterminer la longitude. Cependant, pour combler ce manquement, il y avait à bord un astronome de l'observatoire de Greenwich, capable de définir la position du *Endeavour* en calculant sa distance par rapport à la Lune. De plus, James Cook maîtrisait parfaitement les cartes qu'il avait emportées.

La désignation de James Cook

Fils d'un ouvrier agricole écossais venu s'établir dans le Yorkshire, James Cook entra comme apprenti dans la marine marchande à l'âge de 18 ans. Lorsqu'il ne travaillait pas sur les navires transportant du charbon, le jeune homme étudiait les mathématiques, ce qui lui valut de devenir rapidement un navigateur expérimenté et d'accéder au grade de second. Après avoir refusé de prendre le commandement d'un navire de marchandises, il décida de s'engager dans la Royal Navy comme simple marin. Remarqué par ses supérieurs, il fut rapidement promu sous-officier. Il s'illustra lors de la guerre de Sept Ans (1756-1763), affichant un talent certain pour la lecture des cartes et la navigation dans les eaux dangereuses du Saint-Laurent, ce qui permit à la flotte britannique d'accoster et de prendre d'assaut le Québec – James Cook n'hésitant pas à participer au siège.

Durant cinq années, James Cook passa tous ses étés à bord d'un *schooner*, goélette à deux mâts, cartographiant la côte de Terre-Neuve, et tous ses hivers en Angleterre à vérifier ses calculs. Ayant observé une éclipse du Soleil à Terre-Neuve, il soumit ses calculs aux membres de la Royal Society – une initiative relativement audacieuse de la part d'un sous-officier.

En choisissant pour commander l'expédition du *Endeavour* un humble fils de paysan qui avait réussi à s'élever dans la société grâce son travail, l'Amirauté affichait clairement ses priorités. Grâce aux réformes de lord Anson, être marin était un métier à part entière et les affectations étaient non plus fonction des origines sociales mais des compétences. L'aristocrate et mathématicien de renom Alexander Dalrymple, qui espérait se voir confier le commandement de l'expédition, avait publié un ouvrage intitulé *Account of the Discoveries made in the South Pacific Ocean, Previous to 1764* dans lequel il affirmait qu'un vaste continent de l'hémisphère sud « était le pendant de l'Eurasie dans l'hémisphère nord et garantissait l'équilibre nécessaire à la rotation de la Terre ». Ce territoire était, selon lui, probablement plus grand « que toute la partie civilisée de l'Asie ». L'expédition dans les mers du Sud avait également une dimension politique à une période où les colonies britanniques d'Amérique du Nord commençaient à être en proie à certains mouvements politiques et sociaux. Ce continent dont parlait Alexander Dalrymple pourrait, peut-être, se substituer à l'Amérique du Nord et « assurer la puissance, la domination et la souveraineté de la Grande-Bretagne en employant tous ses industriels et en utilisant tous ses navires ». Mais, malgré ses prophéties, Alexander Dalrymple fut évincé.

La croyance en l'existence d'un vaste continent dans l'hémisphère sud remontait à l'Antiquité. Les Grecs, obsédés par la symétrie, affirmaient que la grande masse terrestre au nord de l'équateur devait avoir son pendant dans la partie au sud de l'équateur. Au XVᵉ siècle, sur les cartes géographiques de Ptolémée, figurait même un vaste continent antarctique partant de la pointe au sud de l'Afrique. Si, plus tard, les découvertes déplacèrent ce continent pour le mettre plus au sud, il existait bel et bien dans l'esprit des hommes. Dans le premier atlas moderne intitulé *Theatrum orbis terrarum* du cartographe néerlandais Abraham Ortell, paru en 1570, figurait au pôle Sud une terre baptisée *Terra Australis nondum cognita* (« terre australe encore inconnue »). James Cook allait devoir considérer toutes les hypothèses avancées et – preuves à l'appui – les réfuter une à une pour conclure que l'existence de ce continent n'était que le fruit de l'imagination.

Les expéditions de James Cook

L'*Endeavour* fit voile vers le sud puis le sud-ouest de Tahiti jusqu'à un point de 40° de latitude sud. Ne voyant aucune terre, James Cook se dirigea alors plus à l'ouest et atteignit la Nouvelle-Zélande. Durant six mois, il cartographia les côtes néo-zélandaises et découvrit, après en avoir fait le tour, que les deux îles qui constituent le pays ne sont pas attenantes à un quelconque continent austral.

En ce mois de mars 1770, dans l'hémisphère sud, l'été se terminait. Le navire se dirigea alors vers l'est et fut pris par le mauvais temps. James Cook partit alors vers l'ouest et explora la côte est de la Nouvelle-Hollande (actuelle Australie) qui doit son nom aux explorateurs hollandais du XVIIe siècle qui, les premiers, cartographièrent les côtes au nord et à l'ouest du continent. Mais il n'y avait aucune colonie européenne en Nouvelle-Hollande même si les ancêtres des aborigènes, dont le nombre était compris entre 250 000 et 500 000, étaient arrivés d'Asie quelque 60 000 ans auparavant. Alors qu'il faisait voile vers le nord, James Cook prit la décision qui conduira à l'émergence de l'Australie britannique. Le 22 août 1770, après avoir accosté sur l'île de la Possession au large du cap York, il revendiqua que l'ensemble de la côte orientale passe sous contrôle britannique et baptisa la région Nouvelle-Galles du Sud.

En Australie, la nature était si riche que les scientifiques, comblés, rebaptisèrent le port de Stingray, sur la côte sud-est, Botany Bay. James Cook et son équipage passèrent un mois à terre alors que l'*Endeavour* était en réparation après s'être abîmé sur la grande barrière de corail. Ils découvrirent de nouveaux aliments : kangourous, tortues et palourdes. Le navire reprit la mer et suivit la côte nord. Les hypothèses de James Cook, à savoir que l'Australie est séparée de la Nouvelle-Guinée au nord, furent confirmées. Après avoir contourné Le Cap, James Cook et son équipage arrivèrent en Angleterre en 1771. Le capitaine fut présenté au roi George III, reçut les honneurs de la haute société et fut promu au rang de capitaine de frégate.

La deuxième expédition quitta le port de Plymouth en juillet 1772, l'objectif étant de faire le tour du monde en passant par la latitude la plus au sud possible. James Cook partit avec deux navires, le *Resolution* de 462 tonnes et l'*Adventure* de 340 tonnes. Johann Reinhold Forster, chercheur allemand de renommée internationale, embarqua en qualité de naturaliste. Le Board of Longitudes créé en 1714 avait équipé chaque navire de cartes astronomiques et de quatre chronomètres – dont un conçu par John Harrison – permettant de calculer la longitude. Les navires devaient couvrir quelque 112 650 kilomètres. Après avoir fait voile vers le sud, James Cook et son équipage se retrouvèrent deux semaines plus tard à l'intérieur du cercle antarctique à 60° de latitude sud. Ce qu'ils découvrirent n'avait rien à voir avec leurs attentes.

Le cercle arctique était connu. Mais, en ce mois de janvier, l'Antarctique gelé et dépeuplé avec ses immenses icebergs offrait un spectacle aussi merveilleux qu'étrange, notamment dans la lumière éblouissante propre à l'été austral. Ce que les navigateurs rapporteront au sujet de cet infini disloqué nourrira l'imagination grandissante des romantiques européens tant dans le domaine de la poésie que dans celui de la peinture, et se retrouvera dans les paysages de Caspar David Friedrich et les œuvres littéraires de Samuel Taylor Coleridge, dont le poème *Rime of the Ancient Mariner* évoque un voyage qui n'est pas sans rappeler l'expédition de James Cook. Le capitaine et ses hommes étaient à peine à 120 kilomètres de la côte antarctique lorsqu'un épais brouillard les obligea à remonter vers le nord puis l'est. Après avoir passé l'hiver en Nouvelle-Zélande, ils retournèrent vers le cercle antarctique et, le 30 janvier 1774, firent à nouveau demi-tour après avoir atteint un point de 71° de latitude sud et 105° de longitude ouest.

« Impossible pour nous » écrit James Cook dans son journal de bord, « d'aller plus au sud [...] nous avons, à tout point de vue, atteint l'objectif de cette expédition. Nous avons suffisamment exploré l'hémisphère sud et il est temps que nous arrêtions de chercher un continent austral qui a captivé l'attention de toutes les puissances navales ces deux derniers siècles et celle des géographes de toutes les époques ».

James Cook arriva à Londres le 30 juillet 1775. Il fut promu au rang de capitaine de vaisseau et élu membre de la Royal Society, pour avoir montré – preuve à l'appui – que l'Australie, la Nouvelle-Zélande et les régions au-delà du cercle de glace antarctique ne faisaient pas partie de ce continent légendaire appelé *Terra Australis.* La troisième et dernière expédition de James Cook (1776-1779) le conduisit vers la côte nord-ouest de l'Amérique du Nord aux limites de l'océan Arctique. James Cook arriva à la conclusion qu'il n'y avait pas de passage navigable reliant l'océan Atlantique et l'océan Pacifique. Le 14 juillet 1779, alors qu'il s'apprêtait à rentrer en Angleterre, James Cook fut tué sur la plage de Kealakekua à Hawaï par des autochtones polynésiens qui avaient volé l'un de ses navires.

Les exploits de James Cook

La carte du monde connu fut établie grâce à la détermination pragmatique d'un esprit scientifique, curieux de répondre à une question qui, depuis fort longtemps, était nourrie par les mythes et les légendes. C'est pourquoi on peut dire que James Cook fut un exemple non seulement caractéristique mais aussi remarquable des Lumières du XVIIIe siècle. La justesse de son raisonnement révéla son humanité ainsi que sa croyance en l'efficacité d'une science fondée sur la pratique, ce que prouva la solution qu'il apporta au problème du scorbut. En 1753, le chirurgien James Lind publia ses travaux et démontra que les agrumes pouvaient empêcher la maladie, ce que découvrit de son côté James Cook – qui ignorait tout du travail du médecin écossais – à travers les tests qu'il fit sur l'alimentation des marins qui l'accompagnaient. En effet, grâce à une alimentation riche en oranges, citrons, choucroute, oignons, céréales et céleris, les hommes du capitaine Cook échappèrent à la malédiction du scorbut qui, doucement, décimait les équipages partant pour de longues traversées. James Cook imposa également des règles d'hygiène strictes, vérifiant lui-même les mains de ses hommes et exigeant d'eux qu'ils aèrent leurs cabines.

Les exploits de James Cook font incontestablement partie de l'histoire de la navigation britannique. La mort violente de James Cook ne reflétait en rien la personnalité de ce capitaine qui avait toujours mené les missions qui lui étaient confiées dans le calme et la sérénité et qui, en faisant un usage pratique de la science, contribua au développement de la connaissance et à un mieux-être certain de l'humanité.

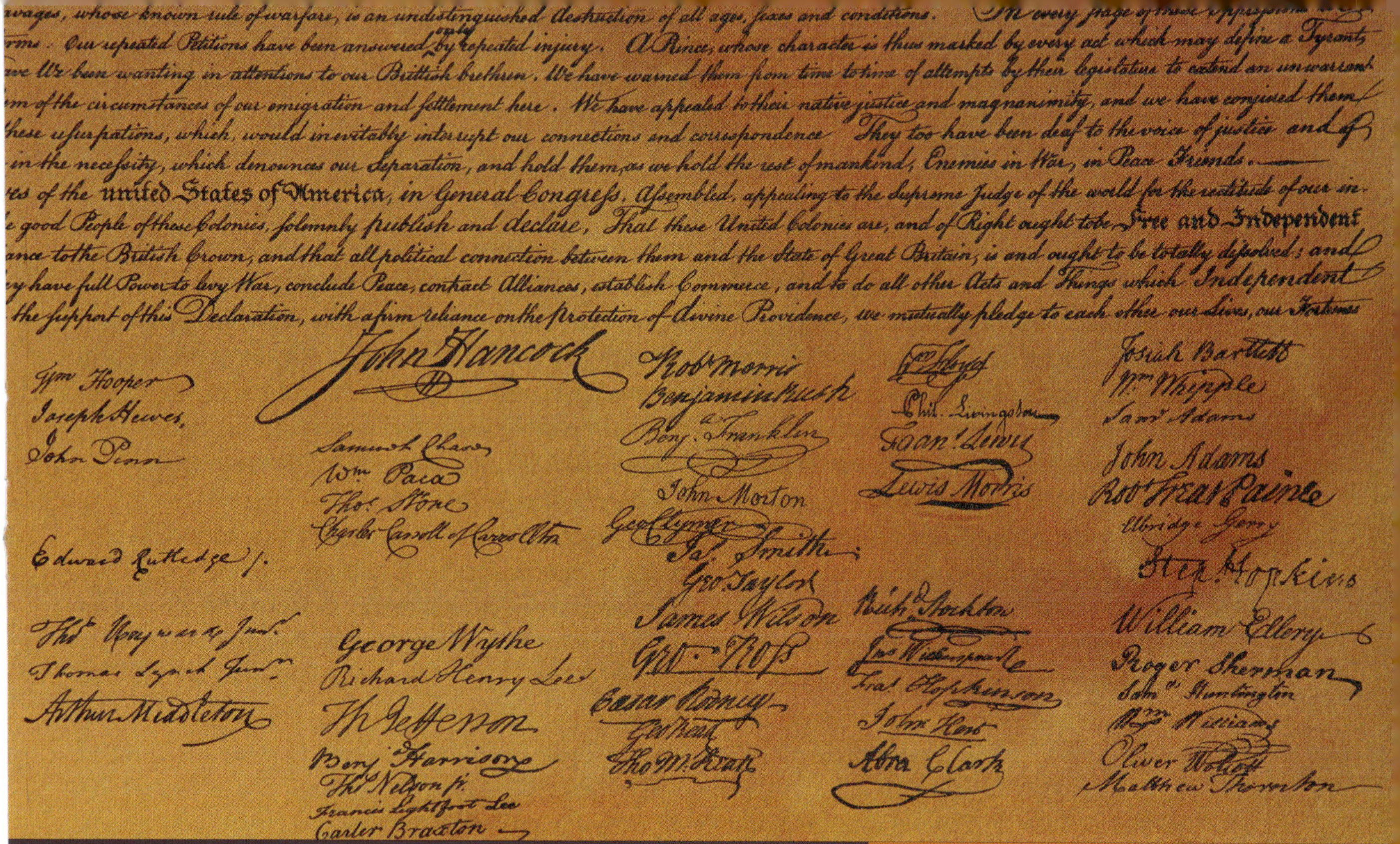
wages, whose known rule of warfare, is an undistinguished destruction of all ages, sexes and conditions. In every stage of these Oppressions
rms. Our repeated Petitions have been answered by repeated injury. A Prince, whose character is thus marked by every act which may define a Tyrant,
ve We been wanting in attentions to our Brittish brethren. We have warned them from time to time of attempts by their legislature to extend an unwarrant
m of the circumstances of our emigration and settlement here. We have appealed to their native justice and magnanimity, and we have conjured them
these usurpations, which, would inevitably interrupt our connections and correspondence. They too have been deaf to the voice of justice and of
in the necessity, which denounces our Separation, and hold them, as we hold the rest of mankind, Enemies in War, in Peace Friends. —
es of the united States of America, in General Congress, Assembled, appealing to the Supreme Judge of the world for the rectitude of our in
e good People of these Colonies, solemnly publish and declare, That these United Colonies are, and of Right ought to be Free and Independent
ance to the British Crown, and that all political connection between them and the State of Great Britain, is and ought to be totally dissolved; and
y have full Power to levy War, conclude Peace, contract Alliances, establish Commerce, and to do all other Acts and Things which Independent
the support of this Declaration, with a firm reliance on the protection of divine Providence, we mutually pledge to each other our Lives, our Fortunes

John Hancock
Wm Hooper
Joseph Hewes,
John Penn
Samuel Chase
Wm Paca
Thos Stone
Charles Carroll of Carrollton
Edward Rutledge
Thos Heyward Junr.
Thomas Lynch Junr.
Arthur Middleton
George Wythe
Richard Henry Lee
Th Jefferson
Benj Harrison
Thos Nelson jr.
Francis Lightfoot Lee
Carter Braxton
Robt Morris
Benjamin Rush
Benj. Franklin
John Morton
Geo Clymer
Jas. Smith
Geo. Taylor
James Wilson
Geo. Ross
Caesar Rodney
Geo Read
Tho M:Kean
Wm Floyd
Phil. Livingston
Frans. Lewis
Lewis Morris
Richd Stockton
Jno Witherspoon
Fras. Hopkinson
John Hart
Abra Clark
Josiah Bartlett
Wm Whipple
Saml Adams
John Adams
Robt Treat Paine
Elbridge Gerry
Step. Hopkins
William Ellery
Roger Sherman
Saml Huntington
Wm Williams
Oliver Wolcott
Matthew Thornton

4 juillet 1776

La Déclaration d'indépendance des États-Unis

La révolution américaine

« Bien que divisés du fait d'un millier de convictions politiques et religieuses différentes [...] ils détestent tous l'ostentation d'un roi et la dédaigneuse hypocrisie d'un évêque. »

Description des Américains faite par un pamphlétaire anglais, 19 décembre 1769

14 juillet 1789

La prise de la Bastille

Le début de la Révolution française

« *Lorsque le dernier roi sera pendu avec les entrailles du dernier prêtre, la race humaine pourra prétendre au bonheur.* »

Citation populaire du XVIIIe siècle reprise dans un journal révolutionnaire parisien datant du 11 juillet 1791

En ce matin du 14 juillet 1789, quelque 900 Parisiens se rassemblent devant la prison de la Bastille. Parmi les émeutiers, des soldats qui ont déserté l'armée de Louis XVI, quelques propriétaires mais surtout des petits commerçants dont les magasins sont, depuis longtemps, regroupés dans le quartier du faubourg Saint-Antoine autour de la Bastille. Les émeutiers sont convaincus, à juste titre, que le roi a décidé de ne pas tenir sa promesse de réformer le gouvernement de la France. Les émeutiers savent également que le gouverneur de la Bastille, Bernard-René de Launay, garde au sein de la prison 250 barils de poudre à canon.

L'objectif de la foule est de s'emparer de cette poudre à canon et, d'une manière ou d'une autre, de neutraliser les quinze canons installés sur les huit tours de la Bastille – dont trois canons dans la cour intérieure – et de désarmer les douze autres situés sur les remparts. Le 7 juillet, 32 soldats suisses étaient venus prêter main forte aux 82 soldats à la retraite gardant la forteresse, la menace d'une rébellion se faisant de plus en plus sentir. Les négociations entreprises le matin du 14 se soldent par le retrait des canons à 14 h 30. Les autres revendications, faites au nom de la milice française représentant le peuple de Paris, sont, quant à elles, rejetées. Le gouverneur tient son autorité, comme il le rappelle, non pas d'en bas (du peuple) mais d'en haut (du roi).

Le roi Louis est parti pour une journée de chasse dans la campagne versaillaise située à deux heures de calèche à l'ouest de Paris. Les négociateurs choisis par les émeutiers, ne sachant plus quoi faire, se rendent à l'Hôtel de Ville pour recevoir de nouvelles instructions. Les 60 circonscriptions, constituées pour les élections qui viennent d'avoir lieu aux États généraux, ont élu 470 électeurs. L'assemblée des électeurs réunie à l'Hôtel de Ville constitue désormais le gouvernement populaire en place à Paris. Mais vers 13 h 30, la foule, qui n'en peut plus d'attendre, décide de prendre les choses en main et s'engage sur le pont-levis de la Bastille qui, soudain, cède. Dans la cour intérieure, les premiers tirs retentissent. Les chaînes du pont-levis ont été brisées par les émeutiers eux-mêmes, mais certains insurgés, ignorant ce fait, se disent qu'ils ont maintenant le droit de pénétrer dans la forteresse et que les tirs ne sont que l'illustration des mensonges et des complots dont sont capables les royalistes. Vers 15 h 00, des soldats et des officiers expérimentés, après avoir dérobé des armes aux Invalides, rejoignent la foule et s'organisent afin de sortir victorieux du conflit. Deux canons sont dirigés sur la porte en bois de la Bastille. À 17 h 00, le gouverneur de Launay glisse une note à travers une fente du pont-levis donnant sur la cour intérieure. Il souhaite quitter la forteresse avec honneur, faute de quoi, il mettra le feu à la poudre à canon, détruisant ainsi une partie de la prison. Sa menace n'est pas prise au sérieux et sa demande est rejetée. La forteresse n'étant plus défendue, le pont-levis intérieur s'abaisse.

La Bastille tombe aux mains des insurgés qui sont surpris de ne trouver que sept prisonniers. 83 émeutiers ont été tués et 15 décèderont de leurs blessures. Dans le camp opposé, un seul mort et un seul blessé. La justice populaire exige une revanche. Le gouverneur est emmené dans les rues de la Paris, injurié et maltraité par la foule. Devant l'Hôtel de Ville, la procession s'arrête alors que la foule discute du devenir de de Launay. Le gouverneur signe alors son arrêt de mort. Il donne un coup de pied dans l'aine d'un pâtissier du nom de Desnot et tombe à terre sous les coups de poings et d'épées de ses ennemis. Desnot brandit un canif et lui coupe la tête. La première décapitation de la Révolution française pour raisons politiques vient d'avoir lieu et marque le début d'une longue série d'atrocités.

Les germes de la Révolution

En France, le début de juillet 1789 fut, comme toutes les années, une mauvaise période, non seulement pour les pauvres qui vivaient dans les villes, mais également pour les plus nantis. Le prix du pain, juste avant la moisson, était au plus haut et correspondait aux trois-quarts du salaire des travailleurs. C'était également en juillet que les factures trimestrielles, y compris le loyer, devaient être payées. En ce 14 juillet, le prix d'une tranche de pain battit un record et, parmi les insurgés qui attaquèrent la Bastille, nombreux étaient ceux qui avaient le ventre vide.

L'argent fut toujours un problème pour la monarchie sans cesse à la recherche de fonds pour mener des guerres offensives, expansionnistes et onéreuses. C'est le besoin d'argent plus qu'un véritable désir de réforme qui poussa Louis XVI à réunir les États généraux en mai 1789 – pour la première fois depuis 1614. Si l'assemblée ne se montra pas particulièrement prête à donner son accord pour que soient prélevées de nouvelles taxes, elle donna son avis sur la manière dont la France devait être gouvernée, le point le plus important étant d'affirmer sa propre autorité. Le 6 mai, le tiers état, qui représentait les roturiers, refusa de se réunir en tant qu'institution distincte des deux ordres qui eux représentaient, d'une part, la noblesse et, d'autre part, le clergé. Le tiers état s'attribua le nom d'Assemblée nationale, assemblée à laquelle des membres des deux autres ordres décidèrent de se joindre.

Le 17 juin, les membres de l'Assemblée nationale firent le serment de ne pas dissoudre cette assemblée tant que la France n'aurait pas mis en place une constitution garantissant les droits et les libertés individuels, une ambition qui faisait régulièrement surface parmi les opposants de l'Ancien Régime – régime basé sur les privilèges et l'ordre féodal. Ce serment prit le nom de « Serment du jeu de paume », d'après le nom de la salle où cet ancêtre du tennis était pratiqué.

Cette ambition fut également exprimée par des intellectuels dissidents tels que Voltaire et Denis Diderot qui jouèrent un rôle crucial dans la diffusion des valeurs défendues par les Lumières en France. Le programme constitutionnel ne fit plus simplement l'objet de bavardages et de pamphlets et, à l'été 1789, il était devenu pour la monarchie un défi politique majeur.

Si les émeutiers se trouvèrent un peu par hasard à la Bastille, ils ne pouvaient trouver mieux qu'une prison pour lancer le mouvement révolutionnaire. En effet, bien qu'elle ne compte que quelques prisonniers en 1789, la Bastille était un lieu très symbolique car elle représentait l'ambition et la capacité de la monarchie française à gouverner dans le secret, sans se référer à aucune loi écrite. Pendant plus d'un siècle et demi, depuis que le cardinal de Richelieu avait, pour la première fois, fait de la Bastille un lieu d'incarcération, les prisonniers furent détenus, sur une simple lettre de cachet émanant du roi, sans avoir été jugés au préalable. La plupart des prisonniers incarcérés à la Bastille y étaient envoyés car leurs opinions et leurs écrits étaient considérés comme dangereux, ce qui explique que, à une certaine époque, la forteresse fut l'un des lieux ayant la plus forte connotation politique en France.

La réaction de la monarchie

Ce fut la soudaine décision du roi de renvoyer son ministre des Finances, Jacques Necker, le 11 juillet qui sema la panique dans l'ordre public parisien. La nomination un an plus tôt de cet homme qui avait la réputation d'être d'une grande honnêteté laissa supposer une réforme du système de taxation et la lutte contre la corruption du gouvernement. Lorsqu'elles virent le peuple dans les rues de Paris, nombre de personnes appartenant aux classes respectables et possédantes prirent peur. Au renvoi du ministre vinrent s'ajouter l'indécision et la duplicité de Louis XVI. Des soldats étrangers, y compris des troupes autrichiennes – ô combien détestées ! –, avaient été envoyés à Paris pour maintenir l'ordre.

La monarchie française perdait le contrôle, étant de moins en moins aimée par un peuple qui ne lui était plus fidèle. La décision de Louis XIV de quitter Paris et le palais du Louvre pour s'installer à Versailles était responsable de plus d'un siècle de mécontentement et d'éloignement entre le peuple et la monarchie. De plus, en 1789, l'idée que les têtes couronnées pouvaient ne pas être patriotes se propagea. En effet, l'épouse autrichienne du roi, Marie-Antoinette, était connue pour son arrogance, ses fastes et une loyauté qui semblait être plus en faveur de l'Autriche que de la France.

Dans les jours qui suivirent le 14 juillet, le roi demanda à ses troupes de quitter Paris. Il renvoya son ministre des Finances, Charles-Alexandre de Calonne, et rappela Jacques Necker. Le 17 juillet, le roi se rendit à Paris. Sur les marches de l'Hôtel de Ville il accepta la cocarde tricolore (bleu, blanc et rose, ainsi qu'il semble maintenant acquis, avant qu'elle ne devienne définitivement bleu, rouge et blanc) que lui tendait le maire et la fixa sur son couvre-chef – la royauté française n'était plus une monarche de droit divin.

Les victimes de la Terreur

L'Assemblée nationale avait manifesté son désir de voir se mettre en place, dans un climat de non-violence, les réformes garantissant la liberté, les droits à la propriété et la liberté d'expression. Ces objectifs furent exprimés dans la Déclaration des Droits de l'Homme et du Citoyen qui fut adoptée le 26 août 1789. Ce texte qui marqua la fin de l'Ancien Régime en France franchit les frontières et fut repris par de nombreux pays d'Europe continentale. Mais le dynamisme révolutionnaire avait sa propre logique interne, incontrôlable et totalitaire. De nouveaux chefs de file, dont Maximilien de Robespierre, s'imposèrent. Ces hommes n'hésitèrent pas à recourir à la violence pour atteindre leurs objectifs. Les désaccords entre les villes démocratiques et les campagnes plus conservatrices conduisirent à la guerre civile dans le sud et l'ouest de la France. Le mouvement révolutionnaire alla même jusqu'à lancer une violente campagne de déchristianisation, son but n'étant pas seulement de voir se mettre en place un nouveau gouvernement mais également une nouvelle humanité révolutionnaire. Ce processus sanglant fit les frais de sa propre violence au milieu des guillotines et des assassinats, violence qui caractérisa la Terreur durant les années 1793-1794.

Le 21 janvier 1793 au matin, alors que le brouillard ne s'était pas encore dissipé, le roi destitué, escorté de 1 200 gardes, fut conduit de sa prison dans le donjon du Temple jusqu'à la guillotine. En septembre 1792, la France avait été officiellement reconnue comme étant une république et Louis XVI était devenu Louis Capet, soit un citoyen parmi des millions. La Convention nationale nouvellement élue fut à la fois juge et partie dans le procès et, avec une majorité de 321 voix sur 721 membres, condamna à mort Louis Capet pour « conspiration contre la liberté publique ». Après que le couperet se soit abattu, le bourreau brandit la tête ensanglantée et la montra à la foule. Certains trempèrent leurs doigts dans le sang. D'autres l'épongèrent avec leur mouchoir. La royauté, tout comme le roi, venait d'être massacrée.

La politique du XIXe siècle sera façonnée par les libéraux et les classes possédantes qui avaient peur du peuple et qui étaient convaincus que la démocratie, inéluctable et même souhaitable, devait être maîtrisée, sous peine de conduire à une effusion de sang suivie par une dictature dont les pouvoirs dépasseraient tous les abus qui avaient mené à la Révolution. Napoléon Bonaparte, le général de génie, fut hissé sur le trône par la Révolution. En effet, ce Corse aux origines modestes accéda aux plus hautes fonctions de l'État grâce à son mérite, ce qui n'aurait pas été envisageable avant les années 1790. Le fait qu'il imposa un despotisme militaire qui mit fin à la démocratie fut l'apogée final et sardonique des événements déclenchés par ceux qui prirent d'assaut la Bastille le 14 juillet 1789.

18 juin 1815

La bataille de Waterloo

La fin de l'Empire napoléonien

« Je tiens ma force de ma réputation et ma réputation des victoires que j'ai remportées [...]. Mes conquêtes ont fait de moi ce que je suis aujourd'hui. Seule la conquête peut me faire tenir. »

Napoléon Bonaparte analysant le fondement de son pouvoir, 1802

17 décembre 1819

Simon Bolivar devient le premier président de Grande Colombie

L'indépendance de l'Amérique latine

« *Ce pays [l'Amérique latine] tombera inexorablement entre les mains de la foule déchaînée de tyrans de toutes couleurs et de toutes races.* »

Extrait d'une lettre adressée par Simon Bolivar à l'un de ses amis, septembre 1830

En 1819, les hautes Andes d'Amérique latine n'ayant pratiquement pas été explorées, Simon Bolivar (1783-1830), à la tête de quelque 2 500 soldats, prend un risque énorme lorsqu'il décide de franchir les pics montagneux qui séparent l'ouest du Venezuela de la Colombie. Les forces royalistes espagnoles ont repris le contrôle du Venezuela après les premiers soulèvements des pays latino-américains et, en 1817, Simon Bolivar et ses hommes se regroupent dans la région de l'Orénoque. En plus des révolutionnaires latino-américains, l'armée de Simon Bolivar compte 2 000 mercenaires britanniques, pour la plupart des vétérans ayant servi sous le duc de Wellington lors de la guerre de la Péninsule (1807-1814), arrivés en Amérique latine au printemps 1819. Parmi les civils qui accompagnent les soldats, des épouses, des maîtresses et des enfants. À la tête de ses partisans, Simon Bolivar se fraie une route à travers les marécages, évitant les précipices et autres dangers du haut plateau. Le périple dure deux mois et, fin juillet, le convoi atteint sa destination finale et attaque les troupes espagnoles. Les Espagnols n'ont pas imaginé un instant qu'il était possible de franchir les Andes. Pris par surprise, ils essuient une cinglante défaite lors de la bataille de Boyacá en août 1819. Trois jours plus tard, les républicains prenent d'assaut la capitale, Santa Fé (actuelle Bogota), et imposent une politique dont les atrocités tolérées par leur chef vont peu à peu se propager.

La rébellion contre l'Espagne

En décembre 1819, Simon Bolivar se présenta devant les membres du Congrès réunis à Angostura sur la côte au nord du Venezuela. Il prôna la création d'un nouvel État fédéral qui prendrait le nom de République de Grande Colombie. Les membres du Congrès élurent le chef républicain au poste de président – président dans le titre mais dictateur dans les faits – de la nouvelle confédération. Simon Bolivar s'était auparavant vu attribuer le titre de Libertador par le conseil d'administration du Venezuela alors qu'il faisait ses premières armes en tant que dictateur (1813-1814). Deux pays de la Confédération, l'Équateur et le Venezuela, restèrent sous le contrôle des loyalistes qui, face à la situation sur le territoire espagnol, délaissèrent un tant soit peu les colonies. En effet, en 1820, un mouvement révolutionnaire contraignit le roi Ferdinand VII à rétablir la constitution de Cadix promulguée après que les Français aient été chassés d'Espagne en 1812. Les Espagnols renoncèrent au Venezuela lors de la bataille de Carabobo en 1821 alors que l'Équateur tomba aux mains des insurgés après la bataille de Pichincha en 1822.

Quelque temps auparavant, Simon Bolivar avait tenu devant le Congrès les propos suivants : « Nous ne sommes pas Européens, nous ne sommes pas Indiens, nous sommes une espèce intermédiaire [...] Américains de naissance, Européens de droit. » Cette vision des Américains du Sud en tant que race à part donna lieu à une prise de conscience nationale. Pour Simon Bolivar, cette vision justifiait le recours à la violence. L'un de ses plus proches amis, Francisco de Paula Santander, homme d'État et militaire colombien, fut nommé par le chef révolutionnaire au poste de vice-président de Colombie. La cruauté du nouveau vice-président dépassait tout entendement, comme le montre la scène qui se déroula dans la cour de la cathédrale de Bogota. Sur un coup de tête, Santander ordonna à un peloton d'exécution de faire feu sur 38 officiers espagnols qui avaient été faits prisonniers.

Prenant, comme il le dit, « un véritable plaisir à voir tuer des Espagnols », Santander demanda à des musiciens de jouer un air composé spécialement pour l'occasion. La révolution moderne, reposant sur l'association de la réthorique libérationiste et des massacres, venait de s'enraciner en Amérique latine.

Pendant près de 300 ans, le gouvernement espagnol dans les colonies avait été certes léthargique mais stable et, à la fin du XVIIIe siècle, il régnait sur une civilisation florissante. En 1740, les Bourbons d'Espagne avaient séparé la vice-royauté de la Nouvelle-Grenade (constituée des actuels États de Colombie, du Panama, d'Équateur et du Venezuela) de la vice-royauté du Pérou. Cependant, la rébellion américaine des années 1770 et l'effondrement de la France dans les années 1780 – deux aspects des révolutions de l'Atlantique – déstabilisèrent les colonies espagnoles en propageant des idées constitutionnelles. L'agression de la monarchie espagnole par Napoléon en 1808 offrit aux rebelles nationalistes l'opportunité d'attaquer les avant-postes impériaux d'un ordre européen fortement ébranlé. Mais les colonies souffraient également de fractures sociales. Les créoles les plus prospères, Latino-Américains descendant de Blancs, ne voyaient pas d'un bon œil la mise en place d'États nationaux indépendants, craignant que les dirigeants de ces États limitent leurs pouvoirs. Ils étaient également fort contrariés de voir arriver des officiers espagnols pour gouverner les colonies. Les esclaves imaginaient qu'une rébellion conduirait à leur émancipation alors que les Noirs libres, les Indiens et nombre de groupes ethniques appartenant à la classe sociale la plus basse comptaient sur la couronne d'Espagne pour les protéger de toute injustice. La guerre contre les troupes espagnoles fut, par conséquent, une guerre qui opposa les différentes classes sociales d'Amérique latine.

Le point culminant du combat pour l'indépendance

En 1810, des rébellions populaires éclatèrent dans plusieurs villes colonisées et la foule scanda des slogans contre les Français qui avaient envahi l'Espagne. Mais ce fut la cause du gouvernement latino-américain, et non celle du gouvernement espagnol, qui mobilisa le plus la population et fit descendre la foule dans les rues. La junte qui s'empara du pouvoir à Caracas suite au coup d'État de 1812 fit du Venezuela un État indépendant et, dans les deux vice-royautés, les nouveaux gouvernements jurèrent allégeance au monarque espagnol avant de déclarer leur indépendance. Les vice-royautés cessèrent tout simplement d'exister. La rébellion au Mexique, qui faisait partie de la colonie d'Amérique centrale de la Nouvelle-Espagne, fut menée par Miguel Hidalgo y Costilla – un prêtre politisé et rebelle de la trempe de ceux qui, plus tard, marqueront l'histoire de l'Amérique latine. Miguel Hidalgo y Costilla dirigea un coup d'État, leva une armée de 25 000 hommes, massacra une garnison espagnole partisane de Joseph Bonaparte en poste à Guanajuato et déroba des lingots d'argent et des pièces de monnaie d'une valeur de trois millions de pesos qui lui servirent à lever une autre armée mais cette fois de 80 000 hommes. Miguel Hidalgo y Costilla fut arrêté en mars 1811 puis fusillé le 30 juillet 1811.

Des atrocités furent commises par chacun des deux camps. Au Venezuela, José Tomás Boves, bien qu'à la tête d'une troupe pro-espagnole, massacra les Blancs afin de coloniser la plaine du centre du pays avec des métis (nés d'un parent espagnol et d'un parent indien).

Francisco de Miranda présenta une « Déclaration des Droits du Peuple » aux membres du Congrès vénézuélien récemment constitué ; puis il ordonna qu'une douzaine de loyalistes soient décapités et que leurs têtes soient exposées dans des cages. Dans les années 1810, les armées officielles ne se différenciaient pas des armées privées commandées par des chefs militaires. Le début du XIXe siècle fut la première grande époque de la guérilla qui caractérisa la prise de pouvoir et la chute de Simon Bolivar. Entre 1813 et 1814, alors qu'il dirigeait le Venezuela, le chef révolutionnaire prôna une politique anticolonialiste et justifia, au nom de la justice sociale et de la politique, nombre de massacres. En juin 1813, il demanda la condamnation à mort de tous les Européens qui n'avaient pas activement soutenu et aidé les libérateurs.

Entre 1811 et 1820, l'Espagne tenta de rétablir son autorité en Amérique latine et organisa 30 expéditions outre-Atlantique. 47 navires de guerre transportant près de 50 000 soldats et plus de 1 000 canons quittèrent les ports espagnols pour le continent sud-américain. Mais l'instabilité de l'Espagne eut des conséquences négatives sur les campagnes coloniales. Le pays connut deux périodes de gouvernement constitutionnel ainsi que le règne absolutiste de Ferdinand VII entre 1814 et 1820 puis à nouveau en 1823. Entre 1808 et 1826, l'Espagne eut 51 ministres de la Guerre, 40 ministres des Finances et 46 Premiers ministres. La mauvaise gestion du roi Ferdinand lui fit perdre le soutien de nombre de despotes à la tête de monarchies européennes. Les banques britanniques, principaux organismes consentant des crédits aux monarques, commencèrent à se méfier de lui et à lui tourner le dos alors que les commerçants londoniens, spéculant sur les opportunités commerciales, n'hésitèrent pas à vendre des armes aux mercenaires, partisans de Simon Bolivar.

L'Amérique du Sud après 1819

La victoire en 1819 de Simon Bolivar offrit le pouvoir à une oligarchie constituée de grands propriétaires et de commerçants blancs à la tête de la nouvelle Grande Colombie. Pour préserver leurs intérêts personnels, les États-Unis et la Grande-Bretagne se préoccupèrent de plus en plus de la situation internationale. Les États-Unis, après avoir envahi et annexé la Floride, craignirent que l'intervention européenne en Amérique latine ne soit ni plus ni moins qu'une recolonisation susceptible de s'étendre vers le nord et d'amoindrir leur autorité, d'où la doctrine Monroe de 1823 stipulant que « [...] les continents américains [...] doivent désormais être considérés comme fermés à toute tentative ultérieure de colonisation de la part des puissances européennes ». La Grande-Bretagne approuva la doctrine et l'appliqua. Pendant ce temps, les banques britanniques soutenaient financièrement les nouveaux gouvernements en vendant leurs titres. Les revendications en faveur d'un nationalisme libéral coïncidèrent avec les intérêts commerciaux et stratégiques de la Grande-Bretagne, ce qui permit au ministre des Affaires étrangères, George Canning, de déclarer : « J'ai fait appel au Nouveau Monde pour redresser l'équilibre de l'Ancien Monde. »

Les événements de 1819 eurent aussi d'étranges conséquences dans le sud de l'Amérique latine où le révolutionnaire argentin, José de San Martin, s'était emparé en 1817 de Santiago et avait nommé Bernardo O'Higgins au poste de directeur suprême du nouvel État du Chili. José de San Martin proclama également l'indépendance du Pérou mais les Espagnols, ne s'avouant pas vaincus, opposèrent une résistance dans les régions montagneuses à l'est du pays. Simon Bolivar arriva à Lima en 1823 après avoir négocié et obtenu que José de San Martin soit exilé. Il constitua une armée qui, une fois encore, parvint à s'imposer et à remporter une victoire sur les Espagnols à la bataille de Junin, qui conduisit à une capitulation organisée par le gouvernement. Simon Bolivar devint alors le président de la Grande Colombie et du Pérou. Un nouveau pays, appelé Haut-Pérou durant toute la colonisation espagnole, prit le nom de Bolivie en l'honneur de Simon Bolivar dont le pouvoir s'étendait désormais des Caraïbes à la frontière argentino-bolivienne.

Au Mexique, suite à la signature de l'Acte d'indépendance de 1821, modifiant le premier acte signé en 1813, le commandant des royalistes, Augustin de Iturbide, changea de camp et organisa le premier coup d'État militaire en Amérique latine qui se solda par son couronnement. L'ancien commandant devint alors empereur du Mexique sous le nom d'Augustin Ier. Il perdit le pouvoir lors d'un coup d'État, cette fois organisé contre lui. Après un exil en Europe, il revint au Mexique où il fut fusillé.

En juin 1826, Simon Bolivar réunit à Panama les nouveaux États indépendants, sauf Haïti et le Brésil, afin de sceller l'alliance entre les États hispaniques d'Amérique latine et d'Amérique centrale, convaincu que seule une telle structure – bien entendu dirigée par lui et lui seul – permettrait de mettre fin à l'« ahurissant chaos » du continent – chaos, soit dit en passant, dont il était à l'origine. Les négociations échouèrent et, après trois semaines de pourparlers, le Congrès fut dissous. Le Venezuela se rebella contre cette union avec la Colombie et Simon Bolivar échappa de peu à la mort. À l'automne 1829, le Venezuela fit sécession et subit la récession mondiale de 1825-1826, les États d'Amérique latine ayant de plus en plus de difficultés à récolter des fonds en Europe. Simon Bolivar démissionna et quitta Bogota en mai 1830 dans un climat de révolte, au milieu de la foule qui brûlait les portraits de leur ancien président et de sa maîtresse. Simon Bolivar avait pour objectif de partir pour l'Europe mais il décéda de la tuberculose le 17 décembre 1830. À la fin de sa vie, il eut ces mots : « L'Amérique est incontrôlable. Celui qui sert une révolution laboure la mer. » Le Brésil, alors colonie portugaise, échappa, quant à lui, à toutes les guerres qui épuisèrent ses voisins et jouit d'une transition relativement pacifique après la déclaration de son indépendance en 1822. La Constitution établie par l'empereur Pierre Ier, fils de Jean VI du Portugal, fut respectée pendant 65 ans. Le Brésil du XIXe siècle, société multiethnique et ouverte au commerce, contrasta toujours avec les régimes des colonels et des généraux installés dans les palais présidentiels d'Amérique latine. Simon Bolivar sera toujours considéré comme un exemple tragique pour les insurrections anticolonialistes qui feront l'histoire.

15 septembre 1830

L'inauguration de la ligne ferroviaire Liverpool-Manchester

À l'aube de l'ère du chemin de fer

« *Je me suis mise debout et après avoir retiré mon chapeau, "j'ai littéralement avalé l'air". Lorsque j'ai fermé les yeux, j'ai eu la délicieuse mais néanmoins étrange sensation de voler.* »

L'actrice Fanny Kemble évoquant son premier voyage en train, 26 août 1830

27 avril 1848

L'abolition de l'esclavage

Décret du gouvernement provisoire de la IIe République

« *Il n'y a plus de couleurs.* »

Louisy Mathieu (député noir de Guadeloupe sous la IIe République et ancien esclave)

C'est au retour du Sénégal, où il vient de mener une mission de recherches sur les civilisations africaines, que Victor Schœlcher, militant républicain et adversaire farouche de l'esclavage, apprend la chute de la monarchie de Juillet. La IIe République a été proclamée le 25 février 1848 après trois journées d'insurrection dans les rues de Paris. Schœlcher comprend tout de suite l'opportunité qui se présente à lui : abolir enfin l'esclavage dans les colonies françaises contre lequel il milite depuis de nombreuses années déjà. Le 3 mars, revenu à Paris, il rencontre François Arago, le célèbre astronome et militant républicain devenu ministre de la Marine et des Colonies du gouvernement provisoire. La rencontre est décisive : par sa force de persuasion, Schœlcher convainc Arago de décréter l'abolition immédiate de l'esclavage dans les colonies dont le principe est acté le 4 février 1848. La décision s'inscrit dans les grandes réformes libérales de la jeune République : proclamation du suffrage universel, liberté de la presse, abolition de la peine de mort pour délit politique. L'esprit du temps est à la fraternité universelle.

Reste cependant à organiser les modalités concrètes de l'affranchissement des anciens esclaves. Les enjeux économiques et politiques sont importants. Il s'agit de ne pas bouleverser les économies déjà fragilisées des colonies aux Antilles et dans l'océan Indien : Martinique, Guadeloupe, Guyane, Réunion sans compter les nouvelles colonies du littoral sénégalais et d'Algérie. Une commission de sept membres, dont un « libre de couleur » martiniquais, Auguste Perrinon, est constituée pour préparer le décret officiel. Le principe d'une indemnisation des propriétaires d'esclaves est acté alors que celui de l'indemnisation des anciens esclaves défendu par Victor Schœlcher est rejeté. Le 27 avril 1848, le décret officiel d'affranchissement des esclaves des colonies françaises est enfin proclamé. L'abolition doit être effective dans les deux mois après parution du décret dans les colonies. En outre, le commerce et la propriété d'esclaves devient passible de la déchéance de citoyenneté (art. 8) et les esclaves affranchis sont reconnus comme citoyens à part entière et seront désormais représentés à l'Assemblée nationale (art. 6). Près de 250 000 passent du statut d'esclave à celui de citoyen.

L'esclavage dans les colonies françaises

Si le combat contre l'esclavage a été si long et difficile c'est sans doute parce que dans l'histoire de l'Humanité, l'esclavage a plus durablement été considéré comme naturel plutôt que criminel. Depuis l'Antiquité, sur tous les continents, les différentes civilisations ont fait de l'esclavage une composante essentielle de leurs systèmes économiques et sociaux. Dans le cas occidental, l'économie de traite remontait au XVe siècle avec l'exploration des côtes africaines par les Portugais qui lancèrent le commerce du « bois d'ébène », c'est-à-dire des Noirs d'Afrique. Avec la découverte de l'Amérique, le commerce devint triangulaire entre l'Europe, l'Afrique et le Nouveau Monde. Il s'agissait d'apporter massivement de la main-d'œuvre d'origine africaine dans les colonies américaines dont les populations indigènes avaient été décimées par l'arrivée des Européens (choc microbien). Les hommes et femmes, réduits en captivité et déportés depuis l'Afrique subsaharienne, furent mis au service des plantations de coton, café, cacao, canne à sucre, tabac, épices mises en place par les Européens (Espagnols, Français, Anglais, Portugais) dans leurs colonies américaines.

Les colonies françaises dans les Caraïbes (Saint-Domingue, Martinique, Guadeloupe, Guyane) ont vu leur population servile exploser au cours du XVIIIe siècle avec l'intensification de la traite organisée depuis les grands ports français négriers : Nantes, La Rochelle, Le Havre, Bordeaux. Les trois quarts des expéditions négrières vers les colonies françaises étaient originaires de ces quatre villes. Au total, près de deux millions d'esclaves ont été déportés d'Afrique vers les colonies françaises entre le XVIIe et le début du XIXe siècle. La traite était un commerce très profitable : un esclave était vendu en Amérique le double en moyenne de son prix d'achat en Afrique. Les garçons jeunes (19 ans en moyenne) et grands avaient la plus grande valeur marchande.

La condition servile était définie par le Code noir de 1685 et ses amendements successifs qui niaient à l'esclave toute personnalité civile. L'esclave était un bien matériel soumis à l'autorité du maître dont les droits et devoirs étaient précisément définis. Au fil du temps a émergé une troisième catégorie de personnes : les libres de couleur. C'était des Noirs affranchis ou des métis nés d'une union entre un colon et une esclave et qui, étant fils d'un Blanc, ne pouvaient être de condition servile mais ne bénéficiaient pas pour autant de l'égalité juridique. La société coloniale était donc fortement hiérarchisée. C'est cette hiérarchisation et le contrôle des esclaves par d'autres esclaves qui explique le maintien de sociétés inégalitaires où plus de 80 % de la population était pourtant de condition servile. Certains esclaves cherchèrent toutefois à échapper à leur condition en fuyant les plantations et trouvant refuge dans les montagnes : ce sont les « nègres marrons » qui constituèrent de véritables sociétés parallèles.

La première abolition

Le décret du 27 avril 1848 s'inscrit dans un long processus ayant mené à l'abolition de l'esclavage. Le combat se porta d'abord contre la traite c'est-à-dire le commerce d'esclaves. En France, la Société des amis des Noirs créée en 1788 prit pour modèle la Société pour l'abolition du commerce des esclaves fondée en Angleterre un an plus tôt.

À la faveur de la Révolution française et de la proclamation de la Déclaration des droits de l'homme et du citoyen, les colonies antillaises entrèrent en révolte. Les « petits Blancs » et les libres de couleurs virent dans les événements métropolitains l'occasion d'obtenir l'égalité de droits. Mais leurs revendications furent bientôt rejointes par celles des esclaves Noirs qui réclamaient également l'égalité. En août 1791, François-Dominique Toussaint dit « Louverture », un esclave affranchi, lança une grande révolte à Saint-Domingue, la plus riche et la plus peuplée des colonies caribéennes françaises.

En mars 1792, l'Assemblée législative proclama l'égalité des libres de couleur et, par la suite, Janvier Littée, un mulâtre de Martinique, devint le premier député de couleur de l'histoire parlementaire européenne. Avec la chute de la monarchie en août 1792, les sociétés coloniales se divisèrent : les

Blancs rejoignirent le camp royaliste et demandèrent l'aide de l'Angleterre tandis que les libres de couleur et les Noirs prirent fait et cause pour la République. Trois députés de Saint-Domingue, dont un ancien esclave affranchi, Jean-Baptiste Belley, obtinrent de la Convention nationale le décret d'abolition de l'esclavage le 4 février 1794 (16 Pluviôse an II). C'est la première abolition de l'esclavage dans les colonies françaises. Cependant, le décret arrivait trop tard car la République avait perdu le contrôle de certains territoires ultramarins occupés désormais par l'Angleterre comme en Martinique ou par l'opposition des colons qui refusaient d'appliquer le décret comme par exemple dans l'océan Indien (Réunion, Maurice). À Saint-Domingue, Toussaint-Louverture, rallié à la République, prit la tête de l'armée française et parvint à repousser les troupes espagnoles et anglaises. En 1801, il contrôlait l'ensemble de l'île et en devenait le gouverneur général.

Cependant, le général Bonaparte, qui prit le pouvoir lors du coup d'État du 18 Brumaire an VIII (9 novembre 1799), allait bientôt revenir sur la décision émancipatrice de la Convention. Le premier consul Bonaparte souhaitait rétablir l'autorité de la métropole sur les colonies et reconquérir les territoires perdus au profit de l'Angleterre. La reprise en main de Saint-Domingue et la guerre contre les troupes de Toussaint-Louverture se révélèrent particulièrement violente. Si Toussaint-Louverture fut capturé et déporté en métropole où il mourut en captivité, les troupes noires l'emportèrent sur les Français et, le 1er janvier 1804, Saint-Domingue proclama son indépendance sous le nom amérindien d'Haïti.

Le rétablissement de l'autorité centrale sur les autres colonies allait être accompagné par une régression des droits et libertés obtenus sous la Révolution et un retour à la situation de l'Ancien Régime tant pour les Noirs que pour les métis. Néanmoins, les plantations déjà fragilisées par les troubles révolutionnaires, par l'émergence de nouveaux concurrents (Chine, Inde, sucre de betterave), par l'épuisement des sols, souffraient également d'une pénurie de main-d'œuvre liée au déclin de la traite.

Le mouvement abolitionniste

La Grande-Bretagne et les États-Unis furent à l'avant-garde de l'interdiction du commerce d'esclaves. Le courant abolitionniste s'inscrivait dans une double tradition de pensée : la philosophie des Lumières et la philanthropie chrétienne. Le mouvement religieux quaker, branche dissidente de l'anglicanisme, a ainsi déposé dès 1783 une pétition au Parlement britannique pour interdire l'esclavage. Le courant abolitionniste s'organisa par le boycott du sucre de canne et par la mobilisation de l'opinion publique orchestrés par la Société pour l'abolition du commerce des esclaves. En 1807, les Parlements britannique et américain décrétèrent l'interdiction de la traite d'esclaves et firent pression sur les autres puissances coloniales pour suivre leur exemple. C'est le cas de la France à partir de 1815 mais il fallut plusieurs ordonnances royales sous la Restauration et la monarchie de Juillet pour venir à bout du commerce d'esclaves. La dernière expédition d'un bateau négrier français vers le Brésil aurait eu lieu en 1849, soit un an après le décret d'abolition de l'esclavage !

En 1833, le Royaume-Uni abolit l'esclavage dans ses colonies. La pression en faveur de l'abolition dans les colonies françaises se fit donc sans cesse plus pressante d'autant plus que des révoltes d'esclaves éclatèrent dans les colonies, notamment à Saint-Pierre en Martinique en 1831. Pourtant, les avancées étaient timides et portaient essentiellement sur une amélioration du sort des esclaves. Les progrès furent lents car les lobbies coloniaux, notamment les armateurs du Havre, premier port sucrier français, s'activèrent pour discréditer le mouvement abolitionniste. Ainsi, l'abolition de l'esclavage était présentée comme un danger pour la survie des colonies, elle n'était pas désirée par les esclaves eux-mêmes qui n'aspiraient pas à conquérir « une liberté qu'ils comprennent assez peu et qui n'est pas devenue un besoin pour eux » (*Journal du Havre*, 1835).

À l'inverse le mouvement abolitionniste français s'organisa dans les milieux libéraux. En 1834, la Société française pour l'abolition de l'esclavage fut créée et comptait des personnalités de premier plan telles que le duc de Broglie, le poète Lamartine, Alexis de Tocqueville. Cependant, c'est le nom de Victor Schœlcher qui resta attaché au mouvement abolitionniste puisque c'est lui qui aura l'honneur et la possibilité d'abolir l'esclavage dans les colonies françaises. Fils d'un fabricant de porcelaines alsacien, il adhéra aux idées libérales et républicaines et entra dans l'opposition au régime de Charles X. Au cours d'un premier voyage d'affaires aux Amériques en 1829-1830, il découvrit la condition des Noirs. À son retour, il devint un militant actif de la cause des esclaves et écrivit régulièrement dans des revues et des journaux comme *La Réforme* ou *Le National* et publia plusieurs ouvrages en faveur de l'abolition.

Portée de l'abolition

L'abolition française ne fut qu'un jalon dans une histoire longue qui couvrit tout le XIXe siècle. En Amérique, les États d'Amérique latine abolirent progressivement l'esclavage. Aux États-Unis, l'abolition de l'esclavage fut l'un des facteurs de division entre le Nord et le Sud des Etats-Unis durant la guerre de Sécession (1861-1865), la victoire du Nord industriel sur le Sud agricole entraînant l'abolition de l'esclavage (1865, 13e amendement de la Constitution des États-Unis). En Europe, la Russie, qui avait substitué le système du servage à l'esclavage au début du XVIIIe siècle, abolit définitivement cette pratique féodale en 1861. En Asie, l'abolition fut proclamée en Corée en 1894 et en 1906 en Chine.

Reste le cas de l'Afrique où la traite continentale qui préexistait à l'arrivée des Européens continua encore longtemps. D'ailleurs, la lutte contre l'esclavage devint un argument avancé par les puissances coloniales européennes pour légitimer la conquête de l'Afrique au nom de la « mission civilisatrice ». Pourtant, les puissances coloniales n'hésitèrent pas à recourir régulièrement au travail forcé, comme la France lors de la construction de la ligne de chemin de fer Congo-Océan, qui aurait provoqué la mort par épuisement de plus de 15 000 ouvriers africains. Aux Antilles, la fin de l'esclavage n'a pas mis un terme à des tensions économiques et sociales, à des problèmes de racisme qui ont perduré bien longtemps après l'abolition dans les sociétés créoles. La division entre Noirs, descendants d'esclaves, et Békés, descendants de colons, reste une réalité concrète des départements antillais.

Si aujourd'hui l'esclavage est condamné par l'article 4 de la Déclaration universelle des droits de l'Homme, la loi française de 2001 reconnaissant la traite et l'esclavage comme crimes contre l'humanité a soulevé d'importantes polémiques, signe que la mémoire de l'esclavage reste vive et douloureuse.

8 juillet 1853

Le commodore Perry jette l'ancre dans la baie de Tokyo

Le Japon s'ouvre sur le monde moderne

« *La force militaire et guerrière des Japonais hante depuis longtemps l'Europe telle un fantôme dans le cimetière d'un village, un croquemitaine, une terreur [...]. Notre nation a mis à nu le fantôme [...].* »

Réflexion d'un marin américain, 1853

9 avril 1865

La fin de la guerre de Sécession

Robert Edward Lee capitule à Appomattox

« *Je crois que ce gouvernement ne peut pas durer de façon permanente, moitié esclave et moitié libre. Je ne souhaite pas que l'Union disparaisse […] mais qu'elle soit tout l'un ou tout l'autre.* »

Abraham Lincoln, 16 juin 1858

Au printemps 1865, l'armée des États du sud des États-Unis, dits « États confédérés », est obligée de reconnaître sa défaite contre l'armée fédérale du Nord qui a eu recours à toute sa puissance pour maintenir l'Union. L'armée des États confédérés qui, au départ, totalisait 800 000 hommes, ne compte plus que quelques 60 000 soldats mal équipés, parfois contraints de marcher pieds nus et souvent vêtus d'uniformes déchirés. Le général Robert Lee (1807-1870), commandant de l'armée du nord de l'État de Virginie, décide alors de rencontrer le général Ulysse Grant (1822-1885), général en chef de l'armée fédérale du Nord depuis 1864, afin de définir les termes de la capitulation. Le 7 avril à 17 h 00, le général Grant envoie une première dépêche au général Lee. Six autres suivront, dont la dernière envoyée par le général sudiste le 9 avril à 11 h 50. Les deux hommes ont réussi à se mettre d'accord sur le lieu de la rencontre : le tribunal d'un village de Virginie, Appomattox, au sud de la ville de Washington.

Le général Lee, son épée d'apparat incrustée de bijoux à la ceinture, porte sa tenue de cérémonie et le manteau gris des officiers de l'armée des confédérés. Il est le premier au rendez-vous. Le général Grant arrive à son tour. Les officiers qui l'accompagnent sont priés d'attendre dehors avant d'être invités à entrer. Aucun tiers n'assistera aux premiers instants de la rencontre. La veste droite bleu marine du général Grant est déboutonnée et, comme ses bottes, porte encore des traces de boue qui rappellent la bataille. Le général a la réputation d'être toujours débraillé mais, aujourd'hui, il regrette de ne pas avoir fait plus attention à sa personne. Comble de malheur, il a mal à la tête. Ce fils de tanneur de l'Ohio promet à l'aristocrate virginien que personne ne sera humilié et que les officiers sudistes pourront garder leurs épées. Les hommes de la cavalerie et de l'artillerie des États confédérés montent des chevaux qui leur appartiennent et, dans la mesure où le labourage de printemps est imminent, le général Lee demande à ce que les bêtes ne soient pas réquisitionnées. Le général Grant accepte et s'engage à donner des rations à l'armée vaincue. Les soldats de l'armée des États confédérés n'ont plus qu'une chose à faire : rentrer chez eux. Vers 16 h 00, la rencontre est terminée et le général Lee remonte sur son cheval. Cet homme de 58 ans, père de sept enfants à charge, n'a plus le sou. Son père, ex-gouverneur de Virginie, n'a jamais su gérer son argent et le général doit désormais compter sur l'argent que son épouse a hérité de sa famille. Mais les plantations de Mary Anna Randolph Custis, descendante de la femme de George Washington, vont bientôt être confisquées.

Les origines de la guerre de Sécession

Le commerce fut, en partie, ce qui causa la scission entre le Sud et le Nord. Le 19 mai 1828, le Congrès augmenta les droits sur les marchandises importées afin de protéger les fermiers du Midwest et les industriels de la côte est. Pour les exportateurs de coton des États du Sud, ces taxes ne pouvaient qu'inciter les pays avec lesquels ils travaillaient à faire de même. Le *Reciprocity Act* signé le

24 mai 1828 réduisit les taxes entre les partenaires commerciaux afin de ne pas trop pénaliser les producteurs de coton. Une divergence économique fondamentale était toutefois apparue au sein de l'Union. Mais ce qui ébranla vraiment l'unité du gouvernement fut l'interprétation de la Constitution et la manière dont la question de l'esclavage y était traitée.

En 1803, la France, ayant besoin d'argent pour financer la guerre continentale, vendit la Louisiane – alors vaste territoire s'étendant jusqu'aux montagnes Rocheuses – aux États-Unis. Cette région incluait le Missouri admis au sein de l'Union en 1820. Or cette admission fut controversée, le Missouri étant un État où l'esclavage était pratiqué alors que les États du Nord l'avaient progressivement abandonné après la révolution américaine, le New Jersey étant le dernier État à avoir pris la décision de l'abolir en 1804. En 1820, dans le compromis du Missouri, les membres du Congrès stipulèrent que le Missouri restait un État esclavagiste mais que l'esclavage ne pourrait être introduit dans aucune autre partie de la Louisiane. En 1850, un nouveau « compromis » confirma l'admission au sein de l'Union de la Californie, État abolitionniste. Cette décision fut également très controversée car, avec l'arrivée ce nouvel État, l'équilibre précaire entre le nombre d'États esclavagistes et le nombre d'États abolitionnistes au sein de l'Union fut perturbé. Le Congrès abolit également le commerce d'esclaves dans le district de Columbia, ce qui contraria fortement les États du Sud qui, eux, voulaient étendre l'esclavage. Les abolitionnistes et les États libéraux du Nord furent à leur tour furieux devant l'immobilisme du Congrès face à l'esclavage pratiqué dans l'Utah et le Nouveau-Mexique qui, comme la Californie, avaient été annexés par les États-Unis à l'issue de la guerre contre le Mexique. En 1850, le Congrès vota le *Fugitive Slave Act* précisant le comportement à adopter face à un esclave en fuite, toute personne lui venant en aide étant passible d'une amende et ce, non seulement dans l'État concerné, mais également sur tout le territoire des États-Unis. La Constitution américaine devint en quelque sorte prise en otage dans le conflit dû à des convictions opposées.

En 1854, le *Kansas-Nebraska Act* fut à l'origine d'une nouvelle crise en autorisant un référendum sur l'esclavage dans les régions concernées par l'achat de la Louisiane. S'ensuivit une guerre civile dans le Kansas. Le Kansas fut admis au sein de l'Union en tant qu'État abolitionniste en 1861. À la même époque, la Cour suprême envenima la situation en revenant sur le compromis du Missouri sous prétexte que le Congrès n'avait jamais été autorisé à interdire l'esclavage où que ce fut sur le territoire des États-Unis. Après l'élection d'Abraham Lincoln à la présidence des États-Unis en 1860, la guerre sembla inévitable, le nouveau président restant sur ses positions, à savoir que l'esclavage ne devait pas s'étendre – bien qu'il ne l'interdit pas dans les États où il était pratique courante. Il va sans dire que le candidat Lincoln ne bénéficia pas des votes des États du Sud.

Deux personnalités opposées mais avec beaucoup de points communs

Le général Grant et le général Lee – qui n'approuvaient ni l'un ni l'autre l'esclavage – illustrèrent parfaitement la différence culturelle entre le Nord et le Sud des États-Unis ainsi que la tragédie d'un conflit qui opposa un droit – celui de la dignité humaine – à un autre – celui des droits propres à un État. L'esclavage n'avait jamais été permis dans l'Ohio d'où était originaire le général Grant, pas plus que dans les États de l'Illinois et de l'Indiana au nord-ouest du pays. À partir des années 1850, le développement commercial et industriel transforma ces régions qui devinrent alors de grands centres économiques.

En 1862, le *Homestead Act* encouragea la conquête de l'Ouest en permettant à toutes les familles habitant depuis cinq ans sur une terre de 65 hectares maximum d'en devenir propriétaire gratuitement. Le général Grant illustra la mobilité du peuple américain qui n'hésitait pas à s'expatrier vers l'Ouest. L'armée ne correspondant plus à ses attentes, il démissionna et partit travailler comme fermier dans le Missouri puis comme agent immobilier à Saint-Louis avant de revenir en 1860 à Galena dans l'Illinois pour travailler dans la tannerie de son père. À la déclaration de la guerre, il retourna sous les drapeaux. Après la guerre de Sécession, le général Grant sera l'un des présidents les plus populaires des États-Unis.

En octobre 1859, le général Lee reçut l'ordre de mettre un terme à l'insurrection de John Brown après que l'activiste anti-esclavagiste ait lancé une attaque contre l'arsenal de l'armée fédérale à Harpers Ferry, en Virginie. Deux jours plus tard, les esclaves se soulevèrent mais le mouvement fut rapidement réprimé et John Brown fut pendu à Charleston. Mais le fait que la rébellion fut dirigée par un Blanc du Nord entraîna le général Lee à s'interroger sur les divisions au sein de l'Union. L'armée lui ordonna de quitter le Texas, lui aussi en proie à la révolte, lorsqu'en 1861 cet État fit sécession avec le Mississippi, la Floride, l'Alabama, la Géorgie et la Louisiane pour rejoindre la Caroline du Sud. De retour à Arlington, le général Lee s'opposa à la Virginie qui refusait de fournir des hommes à l'armée de l'Union. La Virginie ainsi que l'Arkansas, la Caroline du Nord et le Tennessee se rallièrent aux rebelles. Le Kentucky opta pour la neutralité. Le Delaware, le Maryland et le Missouri, qui étaient des États esclavagistes, rejetèrent la sécession. Le général Lee fut rappelé à Washington et se vit proposer le poste de commandant de la nouvelle armée de l'Union. Après 36 ans de bons et loyaux services, le général démissionna, « ne pouvant prendre part à l'invasion des États du Sud ». La Virginie de Jefferson coulait dans ses veines. En avril 1861, l'armée des États confédérés lança une attaque contre l'armée fédérale au fort Sumter dans la baie de Charleston en Caroline du Sud. Cette attaque marqua le début d'un conflit qui allait durer quatre longues années.

Le déroulement de la guerre

Vingt-et-un millions de nordistes affrontèrent neuf millions de sudistes (dont trois millions et demi d'esclaves). 70 % des voies de chemin de fer se situaient dans le Nord où étaient également installées 100 000 usines contre 18 000 au sud du Potomac. Le Nord produisait, par ailleurs, trois fois plus d'armes que le Sud. Malgré son infériorité, la guerre commença plutôt bien pour le Sud. Lors de la bataille de Bull Run, premier affrontement majeur entre les deux forces, le général Thomas Jackson mit au point plusieurs tactiques défensives contre les nordistes, ce qui lui valut le surnom de *Stonewall* (« Roc »). Une deuxième bataille sur le même site fut remportée par les sudistes. L'armée des États confédérés, mise en confiance par ces premières victoires, se défendit corps et âme lors de la bataille de Fredericksbourg dans l'est de la Virginie et anéantit l'armée nordiste.

Tant que l'armée du général Lee put se déplacer, elle eut le dessus sur les troupes du général Grant. Lorsque ce dernier obligea le général Lee à se replier dans le port de Richmond (Virginie), les sudistes mirent en place un ingénieux système de fortifications dont l'originalité inspirera plus tard la guerre des tranchées. Le siège dura de la fin juin 1864 au 1er avril 1865. Le 2 avril 1865, les lignes défensives sudistes furent mises à mal. Le général Lee fit évacuer la zone et se retira avec ses hommes plus à l'ouest. Sur plus de 140 kilomètres, les forces adverses s'affrontèrent jusqu'à ce que l'armée des États confédérés soit cernée à Appomattox à la limite de la frontière nord-sud. Impossible pour le général Lee d'échapper aux nordistes. Au sud-ouest, l'armée du général Grant, qui, en 1863, avait progressé à travers le Mississippi, séparait les États de l'Arkansas, de la Louisiane et du Texas des autres États du Sud. Au sud, au-delà de la Caroline du Nord et de la Caroline du Sud, l'armée de l'Union sous le commandement du général William Tecumseh Sherman avait pris Atlanta (Géorgie), centre industriel très important du Sud au cœur du système ferroviaire. Afin de toucher la population civile, le général William Tecumseh Sherman avait littéralement ravagé la Géorgie. Marchant vers la côte, il laissa derrière lui une zone totalement dévastée de 120 km de large sur 400 km de long. En décembre 1864, la ville de Savannah tomba aux mains des nordistes.

La fin de l'esclavage

Les conditions dans lesquelles se déroula la guerre ne firent que renforcer les convictions des nordistes. La guerre de Sécession fut la première guerre durant laquelle des militaires durent participer à une élection nationale. Le 1er janvier 1863, la Proclamation d'émancipation libéra les esclaves dans les États du Sud. Le 19 novembre 1863, le président Lincoln dédia un mémorial sur le site de la bataille de Gettysburg en Pennsylvanie, là même où les États confédérés avaient été battus, prêtant aux Pères fondateurs de l'Amérique sa propre foi « en un gouvernement du peuple, par le peuple et pour le peuple ». La prise d'Atlanta par les nordistes contribua fortement à la réélection d'Abraham Lincoln en novembre 1864. Lorsque le président républicain vint à Richmond en 1865 pour constater l'état de la ville après le départ des troupes du général Lee, il fut immédiatement entouré par une foule d'hommes et de femmes de couleur en liesse. « Je sais que je suis libre » dit l'un d'eux « car j'ai vu notre père à tous, Abraham, et je l'ai senti ». Dix jours plus tard, le président était assassiné, ce qui n'empêcha pas en décembre de la même année la ratification du 13e amendement de la Constitution qui abolit et interdit l'esclavage sur tout le territoire des États-Unis.

L'esclavage, cependant, ne disparut pas totalement mais fut reconduit sous une autre forme, le Nord restant indifférent face au Sud qui, peu à peu, s'enlisait du fait de la corruption politique, de la pauvreté dans les campagnes et d'un racisme implacable. L'esclavage institutionnel fit place à la ségrégation institutionnalisée dans le travail, le logement et l'éducation. 359 000 soldats nordistes et 258 000 soldats sudistes perdirent la vie dans une guerre qui s'était transformée en croisade mais dont les victoires finales n'avaient pas encore été remportées.

1er septembre 1870

La bataille de Sedan

L'Allemagne devient la plus grande puissance d'Europe

« [...] ce ne sont pas les discours et les résolutions adoptées à la majorité qui régleront les grandes questions de notre époque [...] mais le fer et le sang. »

La diplomatie prussienne selon Otto von Bismarck, 29 décembre 1862

7 mars 1876

Alexander Graham Bell revendique l'invention du téléphone

Attribution du numéro de brevet 174 465

« *Aucun opérateur qualifié n'est requis. Il est possible d'avoir une discussion directe entre deux personnes sans intervention d'un tiers. En termes d'économie et de simplicité rien ne se fait de mieux aujourd'hui.* »

Argumentaire de vente de la compagnie Bell Telephone, 1877

Le questionnement et la quête d'informations au sujet du son, de la parole et de la transmission de la voix humaine font, dès l'enfance, partie de l'environnement d'Alexander Graham Bell (1847-1922). Avant la naissance d'Alexander Graham, son père et son grand-père travaillaient déjà dans le domaine de l'élocution, tous deux étant professeurs de diction. Espérant que leurs descendants reprendraient le flambeau, ils forment le jeune Alexander Graham et ses deux frères. Mises à part trois années d'enseignement traditionnel dans un établissement écossais, Alexander Graham Bell est éduqué au sein du cercle familial. Curieux par nature, il fait diverses expérimentations dans le domaine scientifique qui lui permettent de comprendre nombre de mécanismes. Son père, Alexander Melville Bell, publie plusieurs de ses travaux sous la forme de traités. Le plus connu, paru dans près de 200 revues sous le titre *Standard Elocutionist*, présente une méthode permettant aux personnes sourdes et muettes de communiquer. Entre le milieu et la fin du XIXe siècle, la diction est un domaine prospère dans lequel il fait bon travailler. En effet, dans l'Angleterre victorienne, l'alphabétisation se développe dans tous les milieux et les nouvelles générations ont à cœur d'améliorer leurs perspectives d'avenir après un siècle où chacun doit se débrouiller seul.

La carrière et les intérêts d'Alexander Graham Bell illustrèrent parfaitement le rapport au savoir, au progrès social et aux perspectives de carrière de l'époque. Le jeune homme commença par être professeur de diction et de musique à Elgin (Écosse). Cette expérience influença fortement ses recherches. Comme nombre d'Écossais toujours prêts à tenter leur chance ailleurs, la famille Bell déménagea pour s'installer à Londres. Alexander Graham devint alors l'assistant de son père. Après quelques années, pour préserver la santé du jeune Bell croulant sous le travail, la famille décida de partir pour le Canada. En 1870, elle s'installa donc dans l'Ontario et, jusqu'à la fin de sa vie, la carrière et le succès d'Alexander Graham Bell feront partie de l'histoire de l'Amérique du Nord qui, entre la fin du XIXe siècle et le début du XXe siècle, connaîtra un développement économique stupéfiant.

Les débuts de la carrière d'Alexander Graham Bell

Enseigner à parler aux personnes sourdes a toujours été le gagne-pain de la famille Bell. Alexander Melville Bell mit au point une méthode, le langage visualisé, fondé sur un système de symboles phonétiques qui indiquaient le mouvement et la position des lèvres, de la langue et du voile du palais lorsqu'un son était produit par une voix humaine. Cette méthode permettait aux personnes sourdes d'imiter les sons produits par les personnes ne souffrant pas de troubles de l'audition. En se fondant sur la méthode inventée par son père, Alexander Graham Bell donna une série de conférences – dont la popularité ne fit que refléter la curiosité intellectuelle de l'époque. À Boston, il montra comment des personnes sourdes et jusque-là muettes pouvaient apprendre à parler. Les résultats furent sans appel et Alexander Graham Bell devint une célébrité locale dont la réputation franchit rapidement les frontières du Massachusetts. En 1873, il devint professeur de physiologie vocale et de diction à l'université de Boston, comptant notamment parmi ses étudiants Helen Keller, célèbre écrivaine sourde et aveugle.

Pendant toute cette période, Alexander Graham Bell consacra une partie de ses soirées à des travaux destinés à prouver comment la parole et le son pouvaient être transmis par des moyens électroniques. Son assistant Thomas Watson conçut les différents équipements et appareils nécessaires à ses recherches. Le 6 avril 1875, le télégraphe multiple inventé par Bell fut breveté. Le 7 mars 1876, l'inventeur déposa ce qui pourrait être le brevet le plus utile jamais attribué : un brevet pour son téléphone décrit comme étant « la méthode et l'appareil permettant de transmettre les sons vocaux ou tout autre son de manière télégraphique [...] en utilisant les ondes électriques, semblables dans la forme aux vibrations de l'air qui accompagnent lesdits sons ». Nombre de scientifiques et d'inventeurs avaient depuis longtemps saisi les principes généraux derrière le concept du téléphone mais il leur manquait un instrument permettant de les mettre en application. Alexander Graham Bell trouva la motivation pour aller plus loin que ses homologues et inventa le téléphone alors qu'il tentait de mettre au point un instrument capable de l'aider à communiquer avec sa femme atteinte de surdité. Nombreux furent ceux qui reprochèrent à Alexander Graham Bell d'être un usurpateur et les procès suite au dépôt du brevet lui empoisonnèrent la vie des années durant. Mais l'inventeur revendiqua toujours avoir été le premier à découvrir et avoir su utiliser les ondes électriques. Les tribunaux américains finirent par lui donner gain de cause et permirent à la compagnie Bell Telephone, fondée en 1877, d'assurer l'avenir financier de l'inventeur et de sa famille.

Alexander Graham Bell n'avait pas encore 30 ans lorsqu'il inventa le téléphone mais, malgré ce succès, sa curiosité pour le monde des sciences ainsi que son empressement à transformer ses découvertes scientifiques en produits commerciaux resteront intacts. Il déménagea à Washington et mit au point le photophone. Un son faisait vibrer un premier miroir qui réfléchissait la lumière du soleil captée par un second miroir pour activer un cristal de sélénium et reproduire le son. Le photophone fut, ni plus ni moins, le précurseur du laser et de la fibre optique. Le graphophone mis au point par son cousin, Chichester Bell, révolutionna également l'histoire du son. Grâce à un stylet pour graver les sonorités, des vitesses réglables, des cylindres de cire et des disques, enregistrer des sons devint alors possible. En juillet 1881, un électeur déçu tira sur le président des États-Unis James Garfield. La balle devait être localisée afin d'être extraite et Alexander Graham Bell – qui n'était jamais à court d'idées – inventa le détecteur de métaux.

Bell et l'avancée de la technologie américaine

Le fait d'avoir su associer théorie-pratique et expérience-application fit d'Alexander Graham Bell l'une des figures emblématiques de la grande histoire de la technologie américaine qui connut un essor fulgurant à la fin du XIXe siècle. En 1868, Christopher Latham Sholes inventa une machine à écrire qui bouleversa totalement le travail administratif et permit aux femmes de prétendre à certains emplois et de sortir de chez elles. George Westinghouse inventa le frein pneumatique en 1869, les normes de sécurité pour l'industrie du rail devenant soudainement plus strictes. Parmi les inventeurs américains les plus illustres, Thomas Edison qui, en 1878, inventa le phonographe et, en

1879, la lumière électrique. Le statut d'Alexander Graham Bell changea et l'inventeur fut réellement adopté par les États-Unis lorsqu'il présenta son téléphone lors de l'exposition de Philadelphie organisée pour le centenaire de l'indépendance en 1876.

Mais le progrès scientifique n'eut pas que du bon. L'eugénisme, en appliquant la connaissance théorique dans le but d' « améliorer » l'humanité pour son propre bien, fut l'une des théories qui se développa le plus à l'époque. Alexander Graham Bell se passionna pour cette théorie, prônant la stérilisation des personnes sourdes et faisant en sorte que soit interdit le mariage entre deux personnes sourdes. Ses recherches sur les caractéristiques héréditaires chez les personnes atteintes de surdité le conduisirent à faire des expériences portant sur la procréation des moutons.

L'impact du téléphone

Alexander Graham Bell dut attendre 20 ans après le dépôt de son brevet pour qu'il soit reconnu comme l'inventeur du téléphone. Pendant cette période, l'appareil avait évolué. Utilisé à des fins privées, le téléphone fut un exemple typique de la domestication de la science lorsqu'un domaine important de la technologie s'impose dans la vie quotidienne et devient si intime et nécessaire qu'on finit par ne plus y prêter attention. Quantité de lettres et de journaux intimes auraient certainement été écrits si le téléphone n'avait pas existé, s'il n'avait pas été aussi pratique à utiliser et aussi accessible à tous. L'appareil a également joué un rôle dans la normalisation des accents qui devint évidente dans le monde entier dès le début du XXe siècle. Le téléphone permit aux hommes et aux femmes de bavarder, aux gouvernements d'étendre leur pouvoir bureaucratique et aux commandants des armées de pouvoir rapidement communiquer une stratégie donnée sur un champ de bataille. Les pays qui étaient à la fois en avance sur le plan de la technologie et isolés sur le plan géographique se dépêchèrent d'utiliser le téléphone et, en 1912, les États-Unis comptaient à eux seuls 67 % des téléphones dans le monde. Los Angeles, Chicago, Philadelphie, Boston, New York et Stockholm furent les six villes comptabilisant le plus grand nombre de téléphones juste avant la guerre de 1914. Le téléphone fut également un élément crucial dans l'économie mondiale qui se développa à toute vitesse à la fin du XIXe siècle alors que les communications, désormais possibles d'un bout à l'autre du monde, permirent de renforcer les liens entre les producteurs de marchandises et les consommateurs. Résultat, un nouveau personnage d'une importance majeure du point de vue social émergea dans les sociétés les plus en avance d'un point de vue économique : l'employé de bureau, qui répondait au téléphone et qui se chargeait du travail administratif dans les bureaux, les entreprises et les commerces. En Grande-Bretagne, le nombre d'employés de bureau passa de 360 000 en 1881 à près de 900 000 en 1911, dont 17 % de femmes.

L'invention technologique d'Alexander Graham Bell donna naissance à une nouvelle économie dont les conséquences permirent aux hommes et aux femmes de vivre d'autres expériences et d'ouvrir d'autres horizons à leur imagination. Élu président de la National Geographical Society en 1898, Alexander Graham Bell transforma le journal de la société en un magazine destiné à un lectorat de masse curieux de découvrir d'autres cultures et les contrées les plus reculées à la surface de la Terre. Ceci illustre parfaitement ce qu'il est possible de faire lorsque les compétences d'un génie hors pair sont mises au service des rêves du plus grand nombre.

20 juin 1900

La révolte des Boxers

La Chine se retourne contre l'Occident

« *Sur une période de cinquante ans, des millions de Boxers, suite à l'appel du gouvernement, se retrouveront en rangs serrés et feront partie de la panoplie guerrière chinoise.* »

Sir Robert Hart, administrateur, fonctionnaire consulaire britannique en Chine, pressent le nationalisme maoïste, 1901

Au printemps de l'année 1900, cela fait déjà deux ans que les diplomates en poste à Beijing (Pékin) assistent à l'escalade des attaques perpétrées contre les maisons et les entreprises appartenant à des étrangers, les missions catholiques et les Chinois convertis au christianisme. Les mouvements de violence qui éclatent en premier lieu dans le nord se propagent jusqu'à la capitale. L'impératrice douairière Cixi a manifesté sa hargne contre les puissances étrangères qui ont les yeux rivés sur la Chine « avec les regards de ces tigres voraces qui se poussent les uns les autres afin d'être les premiers à s'emparer de nos territoires les moins accessibles ». Sans la moindre hésitation, elle incite son peuple à la violence. « Si les centaines de millions d'habitants de ce pays [...] prouvaient leur loyauté envers leur empereur et leur amour pour leur pays, nous n'aurions plus rien à craindre d'un quelconque envahisseur. »

Le 30 mai 1900, les diplomates en poste demandent à leur gouvernement que des soldats soient envoyés en Chine pour les protéger. Entre le 31 mai et le 4 juin, 430 marins et Marines rejoignent les légations regroupées à l'extérieur des murs de la Cité interdite de Beijing. Des barricades sont érigées. Mais cela ne suffit pas à repousser les insurgés qui excellent dans les arts martiaux et auxquels les Occidentaux ont donné le nom de « Boxers ». Sir Claude MacDonald, l'ambassadeur de Grande-Bretagne, a juste le temps de demander des renforts avant que les lignes du télégraphe ne soient coupées, empêchant toute communication entre les diplomates et les gouvernements de Londres, Washington, Paris, Berlin, Rome, Moscou, Vienne et Tokyo. Les diplomates, leur famille et le personnel travaillant sous leurs ordres, mais aussi des centaines de Chinois catholiques se retrouvent isolés du monde à l'intérieur du périmètre de sécurité, mis en place par les légations occidentales, et dans la cathédrale. Le 18 juin, l'impératrice ordonne que soient tués tous les étrangers sur le territoire chinois. Deux jours plus tard, le siège des légations commence. 20 000 Boxers, agitant avec une incroyable dextérité leurs épées et tapant du pied, avancent en rangs serrés, arborant des bannières rouges et blanches et revêtus de l'uniforme bleu reconnaissable entre tous avec un turban, une large ceinture nouée à la taille et des guêtres rouges. « Leurs hurlements, écrit un survivant, sont assourdissants alors que les vrombissements des gongs, les roulements de tambours et les cris stridents des cornes résonnent tels des coups de tonnerre. » Les attaquants ne sont qu'à une vingtaine de mètres de leur but lorsque les forces militaires des légations tirent trois salves, tuant 50 Boxers. Les Chinois se dispersent. Mais, le lendemain, ils reviennent puis le jour suivant et encore celui d'après, et ce pendant deux mois. À la mi-août, les Occidentaux comptent 76 victimes, dont l'ambassadeur d'Allemagne. Les légations commencent à manquer de munitions, de vivres et de matériel médical. Le 14 août, juste avant le lever du jour, une énorme explosion retentit à Beijing

L'origine du soulèvement

La « révolte des Boxers » fut la première d'une série de réactions violentes menées contre les Occidentaux tout au long du XXe siècle et au début du XXIe. La « ruée en Afrique » prit fin vers 1900 et le continent africain fut divisé en colonies britanniques, belges, françaises, allemandes et italiennes. Dans l'ordre des conquêtes, la Chine venait juste après l'Afrique. Parmi les puissances européennes, la Grande-Bretagne était celle qui se sentait parfaitement capable d'étendre son territoire en Asie d'autant qu'en Inde, l'empire colonial avait été rétabli suite à la mutinerie de 1857.

La Grande-Bretagne avait déjà remporté une victoire contre la Chine lors de la première guerre de l'Opium (1839-1842), les Britanniques désirant se lancer dans le commerce de l'opium utilisé comme analgésique puis comme drogue. À l'issue du conflit, Hongkong devint une colonie britannique. La seconde guerre de l'Opium, déclarée en 1856, s'acheva avec l'obligation pour les Chinois de légaliser le commerce de l'opium, ce qui eut des conséquences sévères et débilitantes pour la population chinoise et la classe dirigeante. La Grande-Bretagne, qui célébra son apogée en tant qu'empire colonialiste lors du jubilé de diamant de la reine-impératrice Victoria en 1897, se sentait prête à relever un nouveau défi et à se tourner vers la Chine.

La défaite de la Chine à l'issue de la guerre sino-japonaise de 1894-1895 permit à l'Autriche, la France, l'Allemagne, l'Italie, la Russie et la Grande-Bretagne ainsi qu'au Japon de mettre en place leur propre « sphère d'influence » et de se voir réserver des droits commerciaux dans des parties bien définies du territoire chinois. Les États-Unis, ayant fort à faire avec la guerre contre l'Espagne, ne s'intéressèrent pas à ce qui se passait en Chine mais, grâce à leur victoire sur les Espagnols, ils acquirent les Philippines à seulement quelque 2 000 kilomètres de la Chine. Du fait de cette proximité relative, les Américains portèrent un autre regard sur l'Asie et virent qu'ils avaient un intérêt certain à s'imposer dans cette partie du monde. Le secrétaire d'État John Hay prôna la politique de la « porte ouverte » qui offrait à toutes les puissances étrangères les mêmes opportunités commerciales sur l'ensemble du territoire chinois. D'autres pays acceptèrent le principe sans, toutefois, voir comment faire appliquer cette politique. C'est alors qu'ils découvrirent que le secrétaire d'État américain considérait qu'ils s'étaient engagés de manière définitive et irréversible.

Les « Poings de la justice et de la concorde » étaient une organisation religieuse dont les membres prétendaient que leurs incantations magiques et le rituel des arts martiaux les rendaient insensibles à la douleur et aux balles. Les Boxers, comme les appelaient les étrangers, mirent leur anarchisme révolutionnaire au profit du renouveau de la Chine et, dans un premier temps, attaquèrent le régime impérial qu'ils accusaient de ne pas avoir su défendre le pays contre les « diables étrangers » qui devaient être expulsés. Les Boxers comptaient d'anciens soldats et des bateliers qui avaient travaillé sur le grand canal de Chine, jusqu'à ce qu'ils perdent leur emploi à cause de l'arrivée du chemin de fer. Mais les Boxers étaient, en majorité, des paysans ayant subi nombre de catastrophes naturelles. La dernière campagne des Boxers commença dans la province de Chan-Tong au nord de la Chine (1898), là où la sécheresse était telle que les vivres vinrent à manquer. Dans un premier temps, l'armée impériale chinoise reçut l'ordre d'éliminer les Boxers mais sa tâche se compliqua lorsque l'impératrice douairière déclara en janvier 1900 que les Boxers n'étaient pas des criminels mais faisaient bel et bien partie de la société chinoise.

Le soutien impérial aux Boxers

L'impératrice Cixi ne se trompait pas lorsqu'elle évoquait le traditionalisme des Boxers. En effet, les Boxers étaient une ramification de la société des Huit Trigrammes qui, depuis la fin du XVIIIe siècle, avait organisé nombre d'insurrections. De plus, durant 5 000 ans, les paysans avaient par intermittence fait partie de ces armées rebelles.

Ce fut également le traditionalisme culturel des Boxers qui expliqua la férocité dont ils firent preuve à l'égard des chrétiens. En mai 1900, le gouvernement impérial embrassa la cause des Boxers mais l'autorité centrale s'était effondrée et le pouvoir tomba peu à peu entre les mains des gouverneurs de régions qui usèrent d'autres stratégies à l'égard des Boxers. Dans la province de Shanxi, par exemple, les gouverneurs firent incorporer les Boxers dans les milices alors que les provinces du Sud-Est et la province de Canton ne respectèrent pas les décrets mis en place par le gouvernement de Beijing contre les puissances étrangères et, au contraire, passèrent avec les consuls étrangers à Shanghai des accords protégeant les étrangers sous leur juridiction.

La carrière politique de l'impératrice douairière fut, dans un premier temps, sans prétention aucune dans la mesure où Cixi se trouvait relativement loin dans l'ordre hiérarchique des concubines impériales. Elle ne dut son pouvoir qu'au fait d'être la mère de Zaichun, l'unique fils de l'empereur Xianfeng. À la mort de l'empereur, l'héritier du trône, qui prit alors le nom de Tongzhi, n'avait que six ans et, durant les 14 années que dura son règne (1861-1875), ce furent en fait les huit membres du conseil de la régence qui gouvernèrent en son nom. Après le coup d'État commandité par le frère du défunt empereur, le prince Gong, la régence revint à Cixi et à l'impératrice consort Ci'an. Le prince Gong prit alors les commandes du pays alors que les deux femmes assumaient la régence. Au milieu du XIXe siècle, la Chine connut plusieurs victoires : la grande révolte des Taiping dans le sud et la révolte des Nian dans le nord furent réprimées. S'inspirant du modèle étranger, la Chine instaura un bureau des Affaires étrangères, mit en place un système de droits de douanes et construisit des arsenaux.

Après la mort prématurée de Tongzhi en 1875, les deux impératrices douairières continuèrent à assumer la régence. En effet, le fils adoptif de Cixi, qui était en fait son neveu, n'avait que trois ans. En 1875, il monta sur le trône sous le nom de Guangxu. Son règne s'acheva en 1908. En 1881, l'impératrice Ci'an décéda soudainement. Après avoir démis de ses fonctions le prince Gong, Cixi se retrouva seule au pouvoir. En 1889, elle se retira des affaires mais la crise qui toucha le pays après 1895 la fit revenir au pouvoir. Les réformateurs faisant partie du cercle impérial essayèrent de tirer des leçons des victoires remportées par leurs voisins japonais afin de mettre fin à la corruption et de rationaliser le gouvernement chinois. Les partisans de Cixi organisèrent un nouveau coup d'État et l'impératrice se retrouva une fois encore régente. En 1898, les plans des réformateurs tombèrent à l'eau.

Le massacre des Boxers par les Européens

Le 14 août, alors que le jour se lève, les bombardements annoncent l'arrivée à Beijing d'un corps expéditionnaire étranger venu à la rescousse des Occidentaux assiégés. Un peu plus tôt, des forces alliées repoussées par les Boxers et l'armée impériale ont dû regagner leur base. Mais aujourd'hui ce sont

20 000 hommes qui arrivent de Tientsin après avoir remporté deux batailles. La Cité interdite est mise à sac. L'impératrice douairière, déguisée en paysanne, fuit la ville dans un chariot. Beijing est pillée puis occupée alors que les alliés continuent leur avancée et prennent le contrôle des régions rurales au nord du pays, où les Boxers sont nombreux et bénéficient du soutien de la population.

Le gouvernement chinois accepta alors de participer à la répression des Boxers et de signer les clauses ô combien humiliantes du protocole de paix de Pékin. En effet, les puissances européennes se virent accorder le droit de maintenir en place à Beijing leurs forces militaires, ce qui signifiait ni plus ni moins que le gouvernement impérial était sous occupation militaire. Les membres du gouvernement impliqués dans la révolte furent poursuivis en justice. Les puissances étrangères furent indemnisées pour les biens perdus. Les forts entre Beijing et la mer furent détruits. Toutes les importations d'armes furent suspendues. La politique de la « porte ouverte » mise en place par les Américains s'imposa sur tout le territoire chinois qui échappa à la partition uniquement parce que garder l'intégrité du pays servait les intérêts commerciaux des États-Unis. En un mot, la Chine n'était plus indépendante et du fait de son affaiblissement, elle ne put prendre part à la guerre russo-japonaise qui se solda par la domination du Japon en Extrême Orient.

En 1902, Cixi revint à Beijing et dut mettre en place les réformes qui avaient été dédaigneusement rejetées quatre ans plus tôt. La modernisation toucha nombre de domaines. Les femmes eurent droit à l'éducation qui ne reposa plus sur les enseignements de Confucius mais sur les mathématiques, les sciences et l'ingénierie. Les jeunes Chinois allèrent étudier en Europe. C'est là que certains découvrirent le marxisme qui devint, après le bouddhisme venu d'Inde, le mouvement intellectuel le plus important importé de l'étranger. L'armée chinoise devint une armée professionnelle selon les modèles occidentaux et japonais, les officiers furent formés afin de pouvoir poursuivre une carrière militaire et savoir commander. Les assemblées des provinces proposées dans les années 1890 furent mises en place en 1909 et une Assemblée consultative nationale, dont les membres étaient élus démocratiquement, vit le jour en 1910. Rapidement, cette assemblée entra en conflit avec la dynastie discréditée. La Chine de l'impératrice douairière avait changé mais Cixi était restée la même. En novembre 1908, le jeune empereur mourut la veille du décès de Cixi, qui fut fortement suspectée d'avoir joué un rôle dans les disparitions soudaines de ceux qui avaient contribué à son ascension politique. La dynastie mandchoue des Qing ne jouit plus du soutien populaire et le « mandat du ciel » – suprématie et légitimité conférées aux empereurs du fait de leur bonne conduite – disparut. Une révolte de grande ampleur éclata en 1911 dans la province du Sichuan, à l'ouest du pays et se transforma rapidement en une révolution nationale qui destitua la dynastie Qing.

Le paradoxe de l'occidentalisation vint du fait qu'une ancienne civilisation s'était vue offrir des moyens militaires, éducatifs et administratifs susceptibles de la conduire à la création d'une nouvelle Chine nationaliste qui, à son tour et à sa manière, lancera un défi à l'Occident.

30 juin 1905

$E = mc^2$: la théorie de la relativité restreinte

Albert Einstein révolutionne la physique

« *Dieu est malicieux mais pas malveillant.* »

Le monde selon Albert Einstein – mystérieux mais toujours intelligible

28 juin 1914

L'assassinat de François-Ferdinand à Sarajevo

En appuyant sur la gâchette, un terroriste serbe déclenche la Première Guerre mondiale

« *L'Allemagne [...] est une poudrière. Tous ses voisins sont terrorisés à l'idée que cette poudrière explose ; or, tôt ou tard, elle explosera.* »

Réflexion d'Henry Adams, historien américain, lors d'un voyage à Saint-Pétersbourg, 1901

La décision de François-Ferdinand de se rendre en visite officielle à Sarajevo, capitale du territoire austro-hongrois de Bosnie, le 28 juin 1914 est controversée – tout comme le fut l'homme qu'il était. Selon l'archiduc d'Autriche, l'empire multinational des Habsbourg ne pouvait survivre qu'à la condition qu'aucune région ne se sente désavantagée par rapport à une autre. La Hongrie jouit d'une autonomie totale au sein de l'État austro-hongrois constitué en 1867 et François-Ferdinand a apporté son soutien aux nationalités minoritaires vivant en Hongrie et opposées à la suprématie des Magyars. L'archiduc se rend en Bosnie en qualité d'inspecteur général de l'armée impériale mais aussi en tant qu'héritier de l'empereur François-Joseph, le frère de son père. Or en Bosnie, François-Ferdinand est considéré comme un oppresseur.

Selon les termes du congrès des nations de Berlin (1878), les grandes puissances autorisèrent les Autrichiens à occuper la Bosnie, jusqu'alors province de l'Empire ottoman sous mandat international. La Bosnie était en grande partie peuplée de Serbes, orthodoxes de par leur religion et slaves de par leur ethnie, d'où une grande loyauté envers la Serbie voisine qui se vit accorder son autonomie par l'Empire ottoman. Lorsqu'ils demandèrent à faire partie d'une Serbie élargie, les Serbes de Bosnie bénéficièrent du soutien de la Russie – le grand patron de la civilisation panslave orthodoxe. Depuis l'annexion inconditionnelle de la Bosnie par l'Autriche, les tensions ne cessèrent de s'amplifier. De plus, l'archiduc commit l'erreur de se rendre en Bosnie le 28 juin, soit le jour anniversaire de la défaite des Serbes contre les Ottomans, ce qu'il n'aurait bien évidement jamais dû faire. En effet, lorsqu'il arriva à destination, toute la population serbe commémorait la chute de leur civilisation en 1389 lors de la bataille de Kosovo Polié (« Champ des Merles »). Le territoire du Kosovo avait été cédé à la Serbie, conformément au traité de Londres qui mit fin à la première guerre des Balkans en 1913, mais le traité, se pliant aux désirs des Autrichiens, avait également créé l'État indépendant d'Albanie, refusant ainsi à la Serbie un accès direct à la mer Adriatique. Face à la situation du moment, la fierté serbe était teintée d'un fort ressentiment. La dynastie des Obrenovic avait été remplacée par la monarchie constitutionnelle mais fragile des Karadordevic. Depuis lors, le gouvernement de la Serbie était instable, corrompu et incompétent.

Le tir qui résonna dans le monde entier

La Main noire (également connue sous l'appellation « l'Union ou la Mort ») est une société secrète nationaliste serbe dirigée par des officiers de l'armée n'éprouvant que du mépris à l'égard du gouvernement civil. En 1913, le chef de l'organisation, le colonel Dragutin Dimitrijevic, était nommé à la tête des services secrets serbes. Gavrilo Princip, un jeune étudiant serbe de 19 ans originaire de Bosnie-Herzégovine, a été formé au sein de la Main noire aux techniques d'assassinat. Le 28 juin, il fait partie de la foule amassée pour assister au passage de la voiture – une Graf-und-Stiff de 28 CV au toit ouvert – de l'archiduc.

Gavrilo Princip est l'un des sept conspirateurs qui ont vu leur plan déjoué le matin même alors que le chauffeur de l'archiduc suivait un autre itinéraire que celui auquel ils s'attendaient. Un membre de la Main noire, Nedjelko Cabrinovic, lance une bombe qui rebondit sur la voiture de l'archiduc sans faire de victime. L'archiduc et sa femme, la duchesse Sophie de Hohenberg, déjeunent ensuite à l'Hôtel de Ville. Au cours du déjeuner, la duchesse rencontre une délégation de femmes musulmanes. L'après-midi, le chauffeur se trompe de chemin. Alors qu'il tente de faire demi-tour, la voiture de l'archiduc se trouve juste face à Gavrilo Princip qui, à deux reprises, tire sur le couple. La duchesse Sophie est tuée sur le coup. L'archiduc meurt deux heures plus tard de ses blessures. Un mois plus tard, l'Autriche-Hongrie déclare la guerre à la Serbie qui est tenue pour responsable de l'attentat. Gavrilo Princip est condamné à 20 ans de prison – peine légale maximale pour toute personne de moins de 20 ans – mais il meurt de la tuberculose en 1918 à l'hôpital de la prison dans laquelle il est incarcéré. À cette date, des millions d'Européens ont déjà trouvé la mort dans une guerre sans précédent dans l'histoire de l'Europe mais aussi du monde.

Les relations internationales avant 1914

Au début du XXe siècle, la Grande-Bretagne, la France et la Russie se réunirent pour des raisons diplomatiques et formèrent un seul et même groupe de puissances séparé de l'Allemagne et de son voisin indépendant, l'Autriche-Hongrie. Les tentatives d'Otto von Bismarck de s'allier à la Russie afin de protéger la nouvelle Allemagne d'une éventuelle revanche de la France avaient échoué les unes après les autres, les puissances occidentale craignant la puissance affichée par l'Allemagne dès 1871, ayant opté pour un rapprochement avec la Russie.

La guerre de Crimée (1853-1856) fut menée par la Grande-Bretagne et la France au côté de l'Empire ottoman, désireux d'affirmer son indépendance mais aussi de mettre fin à l'avancée vers l'ouest de la Russie, le tsar revendiquant le droit de protéger les chrétiens orthodoxes vivant au sein de l'Empire ottoman. La Russie, conformément aux termes du traité de Paris signé en mars 1856, perdit les Dardanelles tandis que la mer Noire devint un territoire neutre. Mais en 1893, la France, qui se remettait peu à peu du traumatisme de 1871 et qui avait considérablement investi dans l'économie russe, signa une entente avec le tsar. Cette entente fit naître un nouveau sentiment de crainte en Allemagne, le pays pouvant à tout moment être simultanément attaqué à l'est et à l'ouest. En 1904, la France signa une Entente cordiale avec la Grande-Bretagne et, en 1907, la France, la Grande-Bretagne et la Russie formèrent une alliance, la Triple-Entente. L'édifice diplomatique d'Otto von Bismarck, la Triple Alliance regroupant l'Allemagne, l'Autriche et l'Italie survécut après avoir toutefois été remise en question. La première guerre des Balkans, comme la suivante, ne fit que renforcer ce que la Russie pensait déjà : la Serbie lui était indispensable dans la mesure où elle empêcherait qu'un autre pays prenne le contrôle des Dardanelles – une éventualité qui ne pouvait qu'avoir des conséquences désastreuses sur l'économie russe en plein essor. Les deux guerres des Balkans firent également prendre conscience à l'Autriche-Hongrie que la Serbie était une réelle menace.

Les pays d'Europe du Nord et de l'Ouest étaient désormais des sociétés industrialisées économiquement prospères dont les cycles de récession étaient compensés par des années de plein essor. La population européenne passa de 150 millions en 1800 à 400 millions en 1914 et le continent compta une douzaine de métropoles avec une population supérieure à un million d'habitants à côté de villes de plus de 500 000 habitants.

La croissance économique favorisa l'apparition d'une classe ploutocratique tout en garantissant à la classe moyenne un niveau de vie élevé. Parallèlement, la population ouvrière s'organisa et les premiers syndicats virent le jour. Le servage disparut et le droit de vote, n'étant plus réservé à une minorité, conduisit au développement des démocraties de masse avec la mise en place de partis politiques et de bureaucraties puissantes.

Le droit de vote accordé aux femmes fut fondamental dans les sociétés les plus développées. De leur côté, les Juifs qui, jusque-là avaient connu des restrictions et avaient vécu repliés sur eux-mêmes, furent à la pointe du succès économique et de la réussite culturelle en Europe. La prise de conscience de l'identité, des intérêts propres à chaque classe sociale et de la mobilité sociale façonna la politique européenne. La vague de grèves qui s'étendit à toute la Grande-Bretagne avant 1914 laissa présager une nouvelle crise dans les « relations industrielles » alors que l'Empire britannique était à l'image des nouveaux problèmes de la politique coloniale menée par l'Europe. L'Irlande, absorbée par le Royaume-Uni, fut considérée par les républicains comme une colonie, ce qui conduisit à une dissidence politique. La seconde guerre des Boers vit la Grande-Bretagne combattre pour affirmer sa souveraineté sur les colons hollandais dans sa colonie d'Afrique du Sud.

Le dynamisme d'une économie européenne à la recherche à la fois de nouveaux marchés et de matières premières favorisa le développement du commerce. L'Europe était la première économie à l'échelle mondiale. Le commerce intérieur et le commerce extérieur étaient désormais interdépendants – ce qui poussa également l'Europe à chercher d'autres colonies. Mais qui dit ambitions colonialistes dit querelles européennes. En Afrique orientale, les ambitions de la France et de la Grande-Bretagne menèrent à une confrontation militaire franco-britannique en 1898 à Fachoda – au Soudan égyptien – alors que l'Allemagne défia les droits de la France au Maroc en envoyant une canonnière dans le port d'Agadir en 1911.

L'Allemagne fut, à tous les égards, exceptionnelle. Le capitalisme géré par l'Etat fut la preuve que sur le plan technique et industriel, l'Allemagne avait dépassé la Grande-Bretagne mais, l'unification de l'Allemagne ayant trop tardé, le pays passa à côté de colonies dont s'emparèrent les gouvernements plus établis. Ce qui n'empêcha pas l'Allemagne de se lancer à la fin du XIXe siècle dans un programme d'expansion navale afin d'élargir son *Lebensraum* ou « espace vital ». Les conséquences de l'échec des révolutions libérales de 1848 continuèrent à avoir une forte incidence sur la politique allemande. Les forces autoritaires des tribunaux, de l'armée et de la bureaucratie coexistaient avec une démocratie institutionnelle comparativement faible.

Le déclenchement de la Première Guerre mondiale

Au cours de l'été 1914, la guerre n'était pas « inévitable ». Les grandes puissances européennes avaient, par ailleurs, échappé aux conflits dans les Balkans de 1908 et de 1912-1913. Les généraux à la tête des armées n'étaient pas naïfs et savaient parfaitement qu'une guerre européenne serait particulièrement destructrice à cause d'armes issues d'une nouvelle technologie. L'Allemagne, en particulier, comprit qu'il lui serait quasiment impossible de mener une guerre à la fois sur les fronts est et ouest. Elle prit également conscience de la fragilité de l'Italie en tant qu'alliée. En mars 1915, l'Italie allait déclarer la guerre à l'Autriche-Hongrie après que les alliés lui aient promis un territoire autrichien dans le nord de la péninsule.

En juillet 1914, les négociations diplomatiques étaient encore possibles. L'Autriche, après tout, n'avait pas été attaquée directement et la Serbie, dans un premier temps, se montra assez conciliante. Aucune des puissances occidentales faisant partie de l'Entente n'avait signé de traité avec la Serbie et, par conséquent, une attaque de l'Autriche ne justifierait aucunement la guerre. Par ailleurs, aucun traité n'obligeait la Russie à prêter main-forte à la Serbie. Les accords d'entente de la Grande-Bretagne ne l'obligeaient pas à s'engager militairement pour défendre soit la France soit la Russie et le traité de 1840 garantissant l'indépendance de la Belgique ne devint un élément déterminant dans la politique britannique qu'en août 1914. Le fait que la guerre ne soit pas inévitable explique pourquoi il fallut un mois pour que la guerre soit réellement engagée après l'attentat de Gavrilo Princip. La guerre ne fut pas la conséquence de traités signés entre plusieurs puissances mais la conséquence des peurs et des incertitudes des politiques européens.

L'Autriche exigea de pouvoir traquer les dissidents anti-autrichiens sur le sol serbe. Dans un premier temps, la Serbie hésita puis elle finit par ordonner une mobilisation partielle. Le 25 juillet, la Russie décida, sans consulter ni la Grande-Bretagne ni la France, de soutenir la Serbie. L'Autriche-Hongrie, avec l'encouragement implicite de l'Allemagne, déclara la guerre à la Serbie. La mobilisation consécutive de la Russie conduisit à un ultimatum de l'Allemagne à la Russie ainsi qu'à la France. L'Allemagne entra en guerre en catastrophe car il lui fallait absolument éviter d'être simultanément envahie à l'est et à l'ouest. Le plan Schlieffen, misant sur une mobilisation lente de la Russie, devait assurer la victoire de l'Allemagne sur la France afin que les troupes allemandes puissent ensuite se battre sur le front est. L'Allemagne déclara la guerre à la Russie le 1er août et, deux jours plus tard, à la France – les troupes allemandes avaient déjà franchi la frontière belge et approchaient du territoire français. La Grande-Bretagne, sous le prétexte de vouloir défendre les droits des petites nations, déclara la guerre à l'Allemagne puis à l'Autriche-Hongrie.

Le principe des nationalités, l'une des causes de la guerre, était désormais l'un des objectifs à atteindre et, de ce fait, une raison pour faire durer le conflit. L'intervention de la Grande-Bretagne changea tout. Sa suprématie sur les mers ne permettrait pas à l'Allemagne de remporter rapidement la victoire. Soit l'Allemagne allait être rapidement vaincue soit la guerre allait s'éterniser. L'Allemagne pensait que l'influence de la Grande-Bretagne parviendrait à refréner les sentiments anti-allemands de la France et les ambitions panslaves de la Russie. Même dans le pire des scénarios, ni l'Allemagne ni l'Autriche n'avaient imaginé que la Grande-Bretagne puisse entrer en guerre. Or avec l'entrée en jeu de la Grande-Bretagne, la guerre européenne devint aussi la Première Guerre mondiale.

1er juillet 1916

Le premier jour de la bataille de la Somme

Le carnage de la guerre des tranchées

« *Le* no man's land *sous la neige est [...] chaotique, criblé de cratères, inhabitable, monstrueux, la demeure de la folie.* »

Description du champ de bataille de la Somme
par le poète anglais Wilfred Owen, 19 janvier 1917

7 novembre 1917

L'assaut du palais d'Hiver

La révolution bolchevique

« *La prise du pouvoir est la raison de l'insurrection ; la tâche politique sera clarifiée après cette prise du pouvoir.* »

Pour Vladimir Ilitch Lénine, ce qui compte c'est le pouvoir, l'idéologie passant en second plan, 6 novembre 1917

Le soir du 17 novembre 1917 (soit le 25 octobre dans le calendrier julien encore utilisé à cette époque en Russie), les ministres du gouvernement provisoire russe trouvent refuge dans le palais d'Hiver situé à Pétrograd (aujourd'hui Saint-Pétersbourg). La veille, Vladimir Ilitch Oulianov, dit Lénine (1870-1924), et Léon Trotski (1879-1940), à la tête de la faction des socialistes qui se sont eux-mêmes donnés le nom de bolcheviques (« la majorité »), ont passé la journée à finaliser les détails du coup d'État qu'ils s'apprêtent à commettre. Les « Gardes rouges », milice composée d'ouvriers dirigée par Konstantin Yurenev, encerclent maintenant les bâtiments et les bureaux gouvernementaux.

Le 7 novembre, Lénine refait surface pour prendre en main une révolution qui se heurte à une faible résistance. Le gouvernement s'est effondré et l'armée impériale a disparu. L'assaut du palais d'Hiver commence avec un coup de canon à blanc tiré du croiseur *Aurore* à 21 h 45 le 7 novembre. Une trentaine d'obus sont ensuite lancés de la forteresse Pierre-et-Paul. Deux obus atteignent leur but aux environs de 23 h 00. Le palais, qui auparavant était gardé par les cosaques et une unité d'élèves officiers, est sans défense lorsqu'il tombe aux mains des bolcheviques le 8 novembre à 2 h 00 du matin. Les ministres capitulent à 2 h 30. À 8 h 00, dans un communiqué de presse, Lénine s'adresse « aux citoyens de la Russie » et leur apprend la destitution du gouvernement provisoire et la prise du pouvoir par le comité militaire révolutionnaire du Soviet de Pétrograd ou « Soviet des députés ouvriers et des délégués des soldats de Pétrograd ».

L'origine de la révolution

Alors que la guerre de 1914 était sur le point d'éclater, le chancelier allemand Theobald von Bethmann-Hollweg eut ces mots : « L'avenir appartient à la Russie qui ne cesse de grandir et plane au-dessus de nos têtes tel un cauchemar de plus en plus terrifiant. » Des observateurs mieux disposés s'accordèrent à dire que la Russie du début du XXe siècle était la deuxième superpuissance économique du monde avec ses immenses réserves d'énergie, ses richesses agricoles et son importante main-d'œuvre. La Russie possédait également la plus grande armée du monde. Les investissements étrangers permettaient d'exploiter les gigantesques gisements miniers. Au XIXe siècle, la musique, la danse et la littérature russes s'étaient imposées de manière soudaine et inattendue, mettant une fois pour toutes fin au débat visant à déterminer si la Russie devait être considérée comme une civilisation avec une prédominance slave et orientale ou une civilisation ouverte sur le monde de l'Europe de l'Ouest. De toute évidence, la Russie était les deux à la fois.

Mais les ex-serfs dépourvus de terres vivant dans cette société en très grande majorité rurale devinrent le problème majeur de la Russie, tant sur le plan économique que politique.

Piotr Stolypine, qui fut Premier ministre de 1906 à 1911, mit en place une réforme agraire visant à transformer les paysans mécontents et rebelles en sujets dociles et conservateurs. Les paysans purent désormais élire leurs propres représentants au sein des *zemstva* (« assemblées provinciales »). De nouveaux droits leur furent octroyés – y compris celui de posséder une terre – et ils purent quitter les communes, ce qui leur avait toujours été refusé. Ces changements furent mis en place après la révolution de 1905 qui mena à la création de la première Douma (« parlement »). Le libéralisme russe sembla prendre le dessus sur l'autocratie russe. Mais, en 1906, Piotr Stolypine ordonna la dissolution de la première Douma, les parlementaires ayant tenté de modifier les réformes agraires proposées qui, de ce fait, furent imposées par un décret exécutif. Une deuxième Douma fut mise en place puis fut, elle aussi, dissoute lorsque ses membres refusèrent de ratifier les réformes. Piotr Stolypine mit également en place un réseau de cours martiales qui exécutèrent des milliers de personnes accusées d'être des terroristes. Ces mesures aliénèrent le parti centriste ainsi que la gauche. En 1910-1911, la troisième Douma approuva les réformes de 1906 avec le soutien du parti de droite modérée des octobristes. Nombreux furent ceux qui reprochèrent au Premier ministre de bafouer la constitution, ce qui conduisit à la suspension temporaire de la Douma. L'assassinat de Piotr Stolypine en septembre 1911 ne fit ni plus ni moins que s'inscrire dans une autre tradition politique russe.

La nature intrinsèquement despotique de la Russie semblait n'être modérée que par sa prédisposition à l'anarchie. Avec un parlement dont nul ne tenait compte et une bureaucratie ayant de moins en moins de poids, le pouvoir fut centralisé à la cour de Saint-Pétersbourg. Mais le tsar Nicolas II, qui, certes, aimait les uniformes mais était un piètre stratège, était parti pour le front est. La tsarine Alexandra, princesse allemande originaire du Hesse-Darmstadt, s'enticha d'un moine flagellant corrompu et manipulateur, Grigori Raspoutine, qui fut son confident jusqu'à ce qu'il soit, le 30 décembre 1916, empoisonné et jeté dans la Neva par des conspirateurs membres de l'aristocratie. Cet assassinat était digne des meurtres perpétrés par la noblesse russe au Moyen Âge.

La révolution de 1917

1917 fut l'année de deux révolutions russes. La première, en mars (ou en février dans le calendrier julien) commença par deux jours d'émeutes et de grèves à Pétrograd suivis d'une mutinerie organisée par 160 000 paysans appelés sous les drapeaux dans la garnison de la ville. La Douma ayant mis en place un gouvernement provisoire sans avoir au préalable consulté le tsar, Nicolas II abdiqua le 15 mars. Mais l'autorité de la Douma fut remise en question par le Soviet de Pétrograd qui avait donné l'ordre à toutes les unités militaires d'élire leur propre conseil afin d'ébranler la structure même de l'armée du tsar.

Or, au sein même du Soviet, les opinions divergeaient. Les mencheviques (la minorité) – avec d'autres groupes sociaux-démocrates au sein du Soviet – tombèrent d'accord avec les libéraux constitutionnels de la Douma sur le fait qu'une Assemblée constituante devait être élue sur la base d'élections nationales démocratiques. Les mencheviques et les marxistes orthodoxes portaient le même regard sur la révolution : une révolution libérale et bourgeoise devait impérativement précéder une révolution prolétaire.

Lénine ne partageait pas ce point de vue. Pour lui, les bolcheviques étaient une avant-garde révolutionnaire prête à modifier le cours de l'histoire sans devoir attendre l'apparition de la révolution libérale et bourgeoise pour entrer en action. Agissant au nom du prolétariat, les bolcheviques cherchèrent immédiatement à prendre le contrôle des conseils russes et ce avec pour seul et unique objectif d'accéder au gouvernement.

La décision des libéraux parlementaires – soutenus par quelques mencheviques – de continuer la guerre ne fut pas accueillie d'un bon œil par la population, à la différence de l'armistice proposé par les bolcheviques. Les bolcheviques avaient prouvé de quoi ils étaient capables lors des « journées de juillet » quand 20 000 marins armés, agissant de leur plein gré, marchèrent sur Pétrograd et exigèrent que le Soviet prenne le pouvoir. Cette manifestation de force montrait également que Pétrograd pouvait à tout moment tomber. Ce soulèvement fit suite à l'offensive militaire lancée en Galicie par l'armée russe sur les ordres d'Alexandre Kerensky, ministre de la Guerre du premier gouvernement de coalition provisoire constitué en mai, qui se solda par la défaite en trois jours de la Russie.

Après les « journées de juillet », Alexandre Kerensky, nommé au poste de Premier ministre, désigna le général Lavr Kornilov comme commandant en chef des armées. Lénine, condamné par le gouvernement pour son insurrection, fut obligé de quitter le pays pour s'installer en Finlande. Léon Trotski, recruté au sein des mencheviques par Lénine après les « journées de juillet », fut incarcéré. À la fin du mois d'août, le général Kornilov ordonna à ses troupes de faire marche vers Pétrograd, ce qu'Alexandre Kerensky assimila à un coup d'État. Les ouvriers du chemin de fer stoppèrent l'avancée des hommes de Kornilov qui se vit contraint et forcé de capituler. Mais durant la crise, les Gardes rouges avaient proposé de défendre la ville et Alexandre Kerensky leur avait même fourni des armes dans ce but : nul ne pouvait donc remettre en cause l'idée selon laquelle les bolcheviques étaient les vrais défenseurs de Pétrograd.

Le 20 octobre, Lénine revint clandestinement à Pétrograd. Le Soviet était toujours divisé mais les bolcheviques avaient le contrôle du comité militaire révolutionnaire dont étaient issus les soldats, les marins et les ouvriers armés indispensables à la révolution. Un deuxième Soviet des députés ouvriers et des délégués des soldats de Pétrograd se réunit le 7 novembre avec pour objectif de mettre sur la touche le Soviet de Pétrograd en place. Le Soviet des députés ouvriers et des délégués des soldats de Pétrograd était constitué de 649 délégués dont 390 bolcheviques de province, soutenus par une centaine de délégués qui appartenaient à une faction de gauche du parti socialiste révolutionnaire (SR). En apprenant l'assaut du palais d'Hiver, le Congrès vota un décret afin que le pouvoir exercé par le gouvernement provisoire lui soit transféré. Des socialistes révolutionnaires et des mencheviques considérant cette prise de pouvoir illicite se détournèrent du Congrès. Furieux, Léon Trotski dira d'eux qu'ils appartenaient à « la poubelle de l'histoire ». Le manteau du cours inévitable de l'histoire avait, semblait-il, enveloppé les léninistes victorieux et exclu tous les autres.

L'instauration de la Russie communiste

Le soir du 8 novembre, Lénine soumit trois décrets au vote des membres du Congrès des Soviets. Il proposa un armistice de trois mois et une « paix démocratique » ; le transfert des terres privées aux communes ; la mise en place d'un Conseil des commissaires du peuple (*Sovnarkom*) présidé par lui-même et soumis à l'approbation d'une future Assemblée constituante. Sans surprise, les trois décrets furent votés. Mais la paix à l'étranger obtenue grâce à l'armistice avec l'Allemagne était, en fait, un prélude à la guerre civile au sein du pays. Les communes et les paysans vivant au sein de ces communes firent les frais de la campagne meurtrière menée par les bolcheviques et du monopole de l'État sur les prix et la production de denrées alimentaires. En novembre, l'élection de l'Assemblée constituante fut, effectivement, organisée mais lorsque les membres se réunirent pour la première fois le 5 janvier 1918, Lénine décida de dissoudre l'Assemblée. Désormais le *Sovnarkom* était la seule autorité à la tête de la Russie.

La Russie autocratique des icônes, des mystiques et des moines fut écrasée par une forme de modernité singulièrement meurtrière dans laquelle une croyance néoscientifique « en la planification centralisée » créa sa propre forme de tyrannie. Les premières occasions d'exercer une répression apparurent lors de la « guerre civile » (1918-1921) qui ne fut pas seulement l'affrontement entre l'armée « blanche » du tsar et l'armée « rouge » des communistes, mais aussi l'occasion pour les nationalités colonisées de revendiquer leur autonomie. La reconquête de l'Ukraine et du Caucase par la Russie communiste fut assimilée à la restauration de l'Empire tsariste.

Bien entendu, le communisme russe signifia la fin du tsar Nicolas II et de sa famille en juillet 1918. Mais le totalitarisme à la russe détruisit également ses propres partisans dans une vague de paranoïa qui, dans un premier temps, fit partie du cycle révolutionnaire. Ensuite cette paranoïa fit partie de l'appareil bureaucratique de la terreur de l'État au sein duquel Joseph Staline (1879-1953), secrétaire général du parti communiste russe de 1922 à sa mort, joua un rôle majeur. De soi-disant procès furent organisés pour « purger » le pays et le débarrasser des « ennemis du peuple » et des « contre-révolutionnaires ». Des léninistes et des marxistes, des prêtres et des religieuses, des paysans et des nobles, des généraux et des bureaucrates, des intellectuels et des personnes exerçant des professions libérales furent massacrés dans l'indifférence la plus totale et sans la moindre légitimité. Léon Trotski fut envoyé en exil par Staline avant d'être assassiné en 1940.

Lénine, pendant la dernière année de sa vie, affirmait que Staline était anti-socialiste et son désir le plus cher était de le voir quitter le pouvoir. Mais Staline qui, grâce à des vols organisés, avait pu financer les actions des bolcheviques avant 1917, sut parfaitement user de la politique de la peur. Ancien séminariste, il rendit un culte national quasi-religieux à Lénine qu'il présenta comme le rédempteur de la Russie, tout en veillant à parfaitement maîtriser les systèmes des comités, étroitement imbriqués les uns dans les autres, qui dirigeaient le pays. La prophétie de Karl Marx dans *Le Capital* sur la fin de l'État et le rétablissement socialiste de la dignité humaine – comme l'interpréta Lénine, l'avocat – avait engendré Staline : un homme de pouvoir qui aimait tuer.

22 juin 1941

L'opération Barbarossa

Adolf Hitler envahit la Russie

« *Un bon coup de pied dans la porte et tout cet édifice pourri s'écroulera.* »

Adolf Hitler, été 1941

7 décembre 1941

L'attaque japonaise de Pearl Harbor

La Seconde Guerre mondiale se joue dans le Pacifique

« *Nous devons être le grand arsenal de la démocratie.* »

Franklin Delano Roosevelt, 29 décembre 1940 : le président, qui entame son troisième mandat, prépare l'Amérique à la guerre

À l'aube du dimanche 7 décembre 1941, les bâtiments de la flotte américaine dans le Pacifique sont ancrés dans la base navale de Pearl Harbor sur l'île hawaïenne d'Oahu. Les hommes sont à terre. Un soldat de deuxième classe détecte sur l'écran de son radar un grand nombre d'avions se dirigeant sur Hawaï. Informé, son supérieur lui dit de ne pas s'inquiéter et qu'il doit s'agir d'un contingent américain de B-17 supposé rejoindre la base dans la journée. À 7 h 55, le premier bombardier japonais apparaît au-dessus de Pearl Harbor avec dans son sillage près de 200 avions dont des lance-torpilles, des bombardiers et des avions de chasse. Il ne s'agit en fait que de la première vague des 360 avions qui décolleront des six porte-avions japonais partis du Japon le 26 novembre avec deux bateaux de guerre, trois cuirassés et onze destroyers et qui se trouvent maintenant à 275 milles nautiques au nord d'Hawaï. Rares sont les avions militaires américains qui auront le temps de décoller de la base aéronavale américaine située sur l'île de Ford pour repousser les Japonais.

À 8 h 30, les huit bâtiments de guerre américains font l'objet d'une attaque dévastatrice : l'*Arizona* est détruit, l'*Oklahoma* chavire alors que le *California,* le *Nevada* et le *West Virginia* coulent dans les eaux profondes. Trois autres navires de guerres, trois cuirassés et trois destroyers sont, quant à eux, très endommagés. Du côté américain, les pertes tant matérielles qu'humaines sont lourdes : 200 avions et plus de 3 400 victimes dont 2 300 morts. Du côté japonais, les pertes sont moindres : moins de 100 avions et moins de 100 soldats. Trois porte-avions américains effectuant des exercices au large de Pearl Harbor sont épargnés. Les six bâtiments qui ont résisté à l'attaque seront réparés et les entrepôts sur l'île d'Oahu, dans lesquels le mazout est stocké et qui étaient une des cibles des Japonais, échappent au massacre. Mais les dommages causés au plus gros poste de commandement naval et aérien américain dans le Pacifique sont considérables. Le prestige des États-Unis est lui aussi fortement ébranlé. Les autorités américaines limitent la diffusion des informations : le communiqué fait à la population – un navire de guerre a été coulé et un autre a chaviré – n'a aucune commune mesure avec la réalité.

L'entrée en guerre de l'Amérique

« Pearl Harbor » fut l'événement qui persuada l'opinion américaine, jusque-là ô combien réticente, que les États-Unis devaient sortir de leur neutralité. Le président Roosevelt était de plus en plus convaincu que l'Amérique finirait par devoir entrer en guerre et, lorsqu'il fut réélu pour un troisième mandat en 1940, la participation américaine au conflit était pour lui une évidence. Les autorités de Washington savaient depuis plusieurs mois déjà qu'une attaque japonaise contre les États-Unis était plus que probable, même si elles ignoraient où et quand elle aurait lieu. Les capitaux japonais aux États-Unis avaient été gelés après l'occupation de l'Indochine française par les Japonais en juillet 1941 et la marine américaine était de fait entrée en guerre après que le président Roosevelt eut ordonné en septembre de la même année que les sous-marins allemands et italiens soient coulés.

En août 1941, le président américain avait défini avec Winston Churchill les principes de la charte de l'Atlantique et, dans la mesure où cette charte exposait un programme d'objectifs de guerre, y compris l'autodétermination nationale, les puissances de l'Axe considérèrent les États-Unis comme leur ennemi. Les États-Unis ayant été attaqués par le Japon sans aucune déclaration de guerre préalable, Franklin Roosevelt, rhétoricien par excellence, pouvait désormais parler du 7 décembre 1941 comme d'« une date qui restera dans l'histoire comme un jour d'infamie ». Le Japon ayant formé une alliance avec deux des puissances de l'Axe, l'Allemagne et l'Italie, le militarisme asiatique et le fascisme européen pouvaient être considérés comme les deux faces d'un adversaire commun anti-américain.

Le 8 décembre, les membres du Congrès américain votèrent la déclaration de guerre des États-Unis au Japon. Trois jours plus tard, l'Allemagne et l'Italie déclarèrent la guerre aux États-Unis. La Roumanie et la Hongrie, alliées aux puissances de l'Axe, n'eurent d'autre choix que de faire de même respectivement les 12 et 13 décembre. La réponse américaine à l'attaque japonaise relia les théâtres où se déroulait une guerre mondiale en Asie, dans le Pacifique et en Europe. Le 22 décembre, le Premier ministre britannique Winston Churchill, fortement préoccupé par la survie de la Grande-Bretagne et de son empire, se rendit à Washington pour définir la stratégie de guerre à adopter avec Franklin Roosevelt, le médecin de la Nouvelle-Angleterre qui avait une bien mauvaise opinion de tous les empires – y compris de l'Empire britannique.

La montée du militarisme japonais

Les causes du conflit politique et des tensions militaires, qui n'avaient pas été résolues lors de la guerre de 1914-1918, étaient déjà en germe dans l'entre-deux-guerres. Avec Pearl Harbor, elles prirent une dimension mondiale. La guerre de 1939-1945 qui frappa toute l'Europe commença huit ans après que l'Asie ait connu la première phase du conflit armé. En 1931, une faction autoritaire au sein de l'armée japonaise ne tint pas compte du gouvernement civil et occupa la Mandchourie, vaste territoire chinois où le Japon s'était progressivement imposé après avoir infligé une défaite à la Russie en 1905. Les richesses naturelles de la Mandchourie séduisirent une économie japonaise ayant souffert du krach de 1929 qui n'épargna aucun pays du monde. En janvier 1932, le Japon proclama le Mandchoukouo, État fantoche né des cendres de la Mandchourie, et, l'année suivante, il quitta la Société des Nations (SDN) qui avait vainement protesté contre les actions de l'empire nippon.

Le Japon fut à l'avant-garde des dictatures militaires et la dernière élection démocratique dans le pays eut lieu en 1929. L'effondrement de la Chine, sur le plan intérieur, offrit un terrain propice à l'expansionnisme du Japon. En 1930, de vastes territoires sous le contrôle de la Chine communiste rejetèrent l'autorité du gouvernement nationaliste avec à sa tête Tchang Kaï-chek. Pendant près de deux décennies, une série de guerres civiles intermittentes détruisirent le pays et la victoire finale des communistes en 1949 fut en partie due à la manière dont ils se présentèrent eux-mêmes comme le seul véritable parti capable de défendre le patriotisme chinois face à l'agression japonaise.

Les bombardements des populations civiles – qui caractérisèrent également par la suite la guerre civile en Espagne et firent partie d'une phase ultérieure de la guerre mondiale – commencèrent en juillet 1932 lorsque les Japonais attaquèrent Shanghai. L'invasion japonaise du nord-est de la Chine débuta en juillet 1937 alors que le « sac de Nankin » en décembre de la même année, qui se solda par la mort de 250 000 civils chinois tués par les occupants japonais, anticipait de façon sinistre sur les horreurs à venir en Europe. Le Japon, antirusse par tradition, signa le pacte antikomintern avec l'Allemagne en novembre 1936 puis avec l'Italie un an plus tard. Quelques années après, le pacte tripartite signé en 1940 entre les puissances de l'Axe et le Japon était implicitement anti-américain. Les trois puissances jurèrent de se prêter mutuellement assistance au cas où l'une d'elles serait attaquée par une puissance n'étant pas déjà en guerre avec l'une ou l'autre. La Russie étant, à cette époque, l'alliée de l'Allemagne, la menace ne pouvait venir que des États-Unis. La distance et les revendications de supériorité raciale furent les deux éléments qui séparèrent l'Allemagne du Japon : les Allemands, par exemple, ignoraient les intentions du Japon de lancer une attaque contre Pearl Harbor. Mais le Japon, dictature militaire déjà en guerre dans les années 1930, définit le modèle à suivre pour une guerre fasciste en Europe.

La guerre dans le Pacifique

La déclaration de guerre américaine se traduisit par une forte augmentation du budget fédéral et donna encore plus de pouvoir aux puissances fédérales. Pour préparer la guerre, le président Roosevelt imposa la plus grande augmentation fiscale de toute l'histoire des États-Unis en septembre 1941. Or, en 1940, le chômage touchait près de 15 % de la population active malgré sept années de politique interventionniste (*New Deal*) alors que le PNB (Produit national brut) était inférieur à celui de 1929. Au cours de la même période, les dépenses du gouvernement représentèrent une part de plus en plus importante du PNB (de 10 % à 18 %). En 1942, les investissements du gouvernement dans une économie adaptée à la production de matériel nécessaire pour la guerre firent baisser de près de deux-tiers le nombre de chômeurs. Mais l'inflation, qui se montait à 10 % fin 1941, montra les conséquences des dépenses gouvernementales de plus en plus importantes – ce qui se passera aussi dans les démocraties d'Europe occidentale.

Pour les Américains, la guerre du Pacifique commença aux Philippines suite à la prise de Manille par les Japonais en janvier 1942. Quelque 36 000 soldats américains en poste dans la péninsule de Bataan capitulèrent en avril. En un mois, tous les soldats américains en poste aux Philippines se rendirent. Début juin, alors que les services secrets américains avaient réussi à décrypter les codes utilisés par la marine japonaise, la chance tourna et les forces américaines remportèrent, sur mer et dans les airs, la bataille de Midway au milieu de l'océan Pacifique.

En Asie, les Britanniques connurent des déboires et ce, malgré le soutien de l'Australie et de la Nouvelle-Zélande. La seule unité navale importante que la Grande-Bretagne avait établie en Extrême-Orient fut détruite par des bombardiers japonais en décembre 1941 et, le 25 décembre, Hongkong, sous le contrôle des Britanniques, tomba aux mains des Japonais. Suite à l'invasion de la Birmanie par les Japonais en janvier 1942, les forces britanniques battirent en retraite et se réfugièrent à Singapour qui tomba aux mains des ennemis un mois plus tard.

En août 1942, le Congrès national indien rédige sa résolution « Quittez l'Inde » à l'attention des Britanniques, demandant l'indépendance immédiate du sous-continent. Sous la pression à la fois des États-Unis et des membres du Parti travailliste, Winston Churchill promit un statut de colonie négocié qui devait prendre effet après la guerre. Mais le mouvement du Congrès refusa d'attendre et les Britanniques firent emprisonner ses dirigeants. Le pouvoir impérial britannique avait atteint son point de rupture en Asie – soit là où deux siècles plus tôt, il s'était illustré. Après l'attaque de Pearl Harbor, l'Australie et la Nouvelle-Zélande furent directement menacées par le Japon. Les soldats australiens et néo-zélandais qui se battaient en Europe, en Afrique du Nord et au Moyen-Orient furent rappelés afin de se battre aux côtés des forces américaines déployées dans le Pacifique. Ce faisant, les deux pays se rapprochèrent plus encore de leur défenseur américain et, par conséquent, s'éloignèrent plus encore de la Grande-Bretagne.

En janvier 1943, les troupes australiennes et néo-zélandaises arrivèrent dans le sud-est de la Nouvelle-Guinée afin de mieux protéger l'Australie d'une éventuelle attaque japonaise. Les États-Unis purent enfin se venger de Pearl Harbor en août 1943. En effet, dans les îles Salomon, les avions américains, ayant intercepté des messages provenant des services secrets japonais, abattirent l'avion transportant l'amiral Yamamato Isoroku, commandant en chef des forces navales japonaises qui avait dirigé l'attaque de Pearl Harbor. Tout au long de l'année 1944, les Américains s'imposèrent dans le Pacifique. Les Japonais essuyèrent deux défaites cinglantes en juin lors de la bataille dans la mer des Philippines puis lors de la bataille de Saipan dans les îles Mariannes à l'ouest de l'océan Pacifique. Grâce à leurs victoires, les Américains affichèrent leur suprématie et prirent la tête de l'alliance. Les pertes japonaises se montèrent à 400 avions. Jamais plus le Japon ne retrouva sa puissance aérienne d'avant-guerre. Le gouvernement japonais tomba mais son successeur ne réussit pas à sauver la situation. En octobre 1944, les Alliés envahirent les Philippines et, en février 1945, après une campagne éreintante, les forces sous le commandement du général Douglas MacArthur firent leur entrée dans la capitale, Manille. La prise de l'île japonaise d'Iwo Jima, dans l'ouest du Pacifique, fut capitale, les Américains bénéficiant ainsi d'une base pour leurs avions de chasse chargés d'escorter les bombardiers faisant route vers le Japon.

Les forces américaines durent se battre à la fois dans le Pacifique et en Europe. L'occupation de la France en mai 1940 priva la Grande-Bretagne d'un précieux allié lors de la bataille de l'Atlantique, destinée à protéger les voies maritimes menacées par la marine allemande. Malgré de lourdes pertes, l'alliance anglo-américaine put garder ouvertes les lignes de communication maritimes permettant d'acheminer les troupes et le matériel américains en Europe. En décembre 1941, les États-Unis, jusque-là réticents, acceptèrent de jouer le rôle que l'on attendait d'eux dans une guerre qui s'avérera être pour les Américains et le reste du monde l'élément central du XXe siècle. Pearl Harbor, l'attaque programmée par les Japonais en Asie, transforma le destin de la puissance américaine qui allait libérer le continent européen.

6 août 1945

Le bombardement atomique d’Hiroshima

Les armes de destruction massive

« *Je suis le Temps, qui en progressant, détruit le monde.* »

J. Robert Oppenheimer faisant référence à la citation sanskrit du Bhagavad-Gîtâ après le premier essai atomique du 16 juillet 1945 point la bombe atomique, l'Allemagne était largement en avance dans le domaine des moteurs à réaction et des fusées.

Le Messerschmitt 262 fut le premier avion à réaction à voler en 1942 alors que les fusées V3 – « V » pour *Vergeltung* (« représailles ») et « 3 » pour troisième génération – furent larguées sur la ville de Londres dès 1944.

Les dernières phases de la Seconde Guerre mondiale

En mars 1945, les troupes de la 5e division américaine franchirent le Rhin à Oppenheim et établirent une tête de pont sur la rive est du fleuve. L'armée soviétique, quant à elle, pénétra en Autriche au début du mois d'avril et Vienne tomba le 14 avril. Nuremberg en Bavière fut prise par la 7e armée américaine le 21 avril alors que des unités soviétiques, pour la plupart totalement déchaînées, étaient déjà arrivées dans la banlieue de Berlin. Le 25 avril, les deux envahisseurs se rejoignirent à quelques kilomètres au sud de la capitale près du fleuve Elbe. Berlin tomba finalement aux mains de l'armée soviétique. La première reddition de l'Allemagne fut signée le 7 mai et la seconde le 8 mai. Ce fut au début de l'année 1945 que la vraie nature du nazisme sauta aux yeux du monde : en janvier, les Soviétiques libérèrent le camp de concentration d'Auschwitz en Pologne où un million de Juifs avaient trouvé la mort dans les chambres à gaz. Le 11 avril, la 3e armée américaine, sous le commandement du général George Patton, libéra à son tour le camp de Buchenwald au nord de Weimar. Le camp de Dachau en Bavière fut libéré par les forces américaines le 24 avril. Au printemps 1945, le régime nazi avait tué quelque 14 millions « d'individus de race inférieure » dont environ 6 millions de Juifs. Parmi les autres victimes, des Slaves et des Tziganes. En novembre, les Alliés jugèrent les criminels de guerre lors du procès de Nuremberg mais minimisèrent les actes d'accusations pour crime à l'encontre des officiers, des hommes politiques et autres civils allemands.

Entre le 4 et le 11 février 1945, à Yalta en Crimée, le président Roosevelt, qui disparut deux mois plus tard, et Winston Churchill, qui fut renvoyé de son poste six mois après, négocièrent avec Staline – qui avait promis que les nations d'après-guerre en Europe de l'Est auraient le droit de devenir démocratiques. Les accords de Yalta débouchèrent sur la division de l'Allemagne en quatre zones sous le contrôle des Alliés et autorisèrent l'URSS à prendre part à la guerre du Pacifique après la fin des hostilités en Europe. Deux jours après la destruction d'Hiroshima, Joseph Staline déclara la guerre au Japon en envoyant ses troupes en Mandchourie – province chinoise envahie par le Japon en 1931. Du fait de la défaite du Japon, l'URSS ne pouvait plus employer le prétexte de la guerre pour étendre son territoire sur le sol asiatique mais elle bénéficia des articles de la reddition du Japon signée le 2 septembre à bord du bateau de guerre américain, *Missouri*, dans la baie de Tokyo. Les îles Kouriles et l'île Sakhaline passèrent sous le contrôle de l'URSS. La Mongolie intérieure, la Mandchourie, Taïwan et l'île d'Hainan revinrent à la Chine. Il fut décidé que les États-Unis et l'URSS occuperaient la Corée tant que les structures démocratiques à mettre en place dans le pays ne seraient pas définies. Le 9 septembre à Nanjing, le Japon capitula devant la Chine, mettant ainsi fin à un affrontement de 14 ans. Le 12 septembre, à Singapour, 585 000 soldats japonais se rendirent aux Britanniques. Cette capitulation, qui fut la dernière capitulation officielle de l'une des puissances impliquées dans le conflit mondial, marqua la fin de la Seconde Guerre mondiale.

Parmi les militaires qui combattirent lors de la guerre, les pertes furent lourdes : 7,5 millions pour l'URSS, près de 2,9 millions pour l'Allemagne, 2,2 millions pour la Chine, 1,5 million pour le Japon, 398 000 pour la Grande-Bretagne, 300 000 pour l'Italie, 290 000 pour les États-Unis, 211 000 pour la France, 39 139 pour le Canada, 36 092 pour l'Inde, 29 395 pour l'Australie, 12 262 pour la Nouvelle-Zélande, 8 681 pour l'Afrique du Sud et 30 776 pour les autres territoires faisant partie de l'Empire britannique. Pour la première fois dans un conflit armé, les populations civiles des pays combattants avaient subi des attaques de grande ampleur et, même s'il est impossible de donner un nombre précis des civils morts durant la guerre, les estimations tendent vers 40 millions d'hommes, femmes et enfants.

Les conséquences de la guerre

1914-1918 et 1939-1945 furent deux phases d'hostilités armées, séparées par une trêve armée de 21 ans, pendant un conflit qui dura 31 ans. Ce conflit eut des origines asiatiques et européennes et des ramifications mondiales. L'Europe s'annihila elle-même. La Grande-Bretagne, le seul pays européen n'ayant pas été envahi, fut terrassée et les emprunts pour financer la guerre endettèrent le pays vis-à-vis des États-Unis. Par-dessus le cadavre de la vieille Europe, deux superpuissances se regardaient de travers. Le communisme idéologique dut affronter un anticommunisme tout aussi idéologique. Robert Oppenheimer devint la victime d'une nouvelle paranoïa lorsqu'en 1954 il fut accusé d'avoir des contacts avec des communistes et se vit refuser son accréditation par les services de sécurité américains. En Allemagne de l'Est, Pologne, Hongrie, Tchécoslovaquie, Bulgarie et Roumanie, l'URSS avait acquis des États satellites dirigés par les régimes fantoches obligés de rendre des comptes au Politburo. L'URSS absorba une fois encore les États baltes et reprit le contrôle du Caucase.

La mise en place des alliances militaires pour défendre les puissances démocratiques et les fonds déboursés au profit d'un armement moderne favorisèrent la domination de la bureaucratie militaire en place à Washington. Le 24 juillet 1945, alors que les dirigeants de ces puissances s'étaient réunis à Potsdam, le président Truman dit à Staline que les État-Unis possédaient « une nouvelle arme d'une force inhabituelle ». Le soir même, de retour dans ses quartiers, Staline convoqua son ministre des Affaires étrangères, Viatcheslav Molotov. Les deux hommes tombèrent d'accord sur le fait que les Soviétiques devaient se dépêcher de mettre au point une arme équivalente. Après Hiroshima, les relations internationales furent mises à mal du fait du dilemme « d'une destruction mutuelle assurée » : la puissance nucléaire qui utiliserait une bombe atomique contre une autre puissance nucléaire serait la proie à des représailles qui ne pourraient se solder que par sa destruction. Cette mesure abolit toute possibilité de mener une guerre traditionnelle entre les États les plus grands et favorisa la mise en place d'une surveillance et d'une spéculation constantes – de quoi éprouver les nerfs des grandes puissances. Une nouvelle trêve armée voyait le jour. Parallèlement, le 1er janvier 1946, l'empereur Hirohito prit une décision non anodine : il renonça à sa nature de divinité à forme humaine.

25 mars 1957

Les traités de Rome

La naissance de la nouvelle Europe

« *Il n'y a pour les peuples d'Europe d'autre avenir que dans l'union.* »

Jean Monnet, homme d'État français et l'un des pères de l'Europe

Nous sommes en plein dans l'ère des acronymes. Debout, les dirigeants font de leur mieux pour les déclamer tandis qu'assis à leur bureau, des hommes en costume en donnent une interprétation. Les dirigeants de la France, de l'Allemagne de l'Ouest, de la Belgique, des Pays-Bas, de l'Italie et du Luxembourg sont sagement assis à une grande table. La scène se déroule à Rome, ville à l'histoire chargée d'intrigues impériales et de fastes papaux, le 25 mars 1957. Pourtant, aucun dirigeant n'est venu avec une couronne ou une tiare pour afficher son pouvoir et, pour sceller la nouvelle autorité qu'ils espèrent mettre en place, un seul coup de stylo suffira. En apposant leur signature, ces hommes élus démocratiquement créent la CEE, Communauté économique européenne, qui deviendra la CE, Communauté européenne (le E d'économie tombant) avant de se transformer en UE (Union européenne). Selon le préambule aux termes ambigus, les dirigeants se sont engagés et ont engagé leurs successeurs à établir « les fondements d'une union sans cesse plus étroite entre les peuples européens ». Ce même jour, ces dirigeants signent un second traité, qui crée la Communauté européenne de l'énergie atomique (CEEA ou Euratom).

Tout a commencé avec la CECA (Communauté européenne du charbon et de l'acier) en 1950. Puis le projet devint plus concret encore tandis que le COMECON (acronyme de *Council for Mutual Economic Assistance* ou Conseil d'assistance économique mutuelle) créé en 1949 à l'initiative de Staline, devient pour l'URSS un outil de domination économique des pays communistes situés derrière le rideau de fer. La CEEA (Communauté européenne de l'énergie atomique), instituée par le traité Euratom, réglementa l'industrie, dont la recherche nucléaire, tandis que, pour se rassurer et se protéger, les chefs d'États mettent en place l'OTAN (Organisation du traité de l'Atlantique nord). En effet la CED (Communauté européenne de défense) était une idée qui avait été envisagée puis abandonnée en 1954 laissant dans son sillage l'UEO (Union de l'Europe occidentale) qui avait un rôle plus consultatif que militaire. L'OCDE (Organisation de coopération et de développement économiques) avait remis ces pays sur pieds en assurant la mise en œuvre du « Plan Marshall » rendu possible grâce aux dollars américains. Mais nombreux furent celles et ceux qui pensaient que les EUE (États-Unis d'Europe) devraient être l'objectif visé par tous. La réunion a été précédée par la CIG (Conférence intergouvernementale). L'AELE (Association européenne du libre-échange) fut créée en 1960 par des pays européens ne faisant pas partie de la CEE. Mais les six pays fondateurs de la CEE se présentèrent souvent comme les passagers embarqués dans un train en partance pour des destinations séduisantes comme la PAC (Politique agricole commune). Les retardataires devaient impérativement sauter à bord du train avant qu'il ne soit trop tard. Nombre d'entre eux le firent. De six membres, la CEE passa à douze puis ce nombre augmenta encore.

L'Europe d'après-guerre

Immédiatement après la guerre, des vagues de réfugiés affluèrent de toute l'Europe : 8 millions d'Allemands furent expulsés de Tchécoslovaquie et de Pologne alors que 2 millions de Polonais migrèrent à l'ouest. Berlin, comme tout le territoire de l'Allemagne, fut divisé en quatre zones. Les communistes, qui avaient souvent été très actifs au sein de mouvements de résistance, remportèrent des victoires électorales en France et en Italie. Pendant un moment, il sembla possible que ces deux pays deviennent communistes, ce qui fragilisa les gouvernements en place. Trois facteurs contribuèrent au redressement de l'Europe de l'Ouest. Premièrement, les trois zones occidentales de l'Allemagne furent unies par les puissances alliées pour former une seule et unique zone économique en 1946-1947, la zone orientale refusant de faire partie de cette union. La reprise économique en Allemagne de l'Ouest commença. Deuxièmement, les États-Unis décidèrent de réfréner l'essor du communisme. La Grande-Bretagne en faillite demanda aux États-Unis de l'argent pour venir en aide au gouvernement grec confronté à une insurrection communiste. En mars 1957, le président Harry Truman demanda au Congrès 400 millions de dollars pour soutenir la Grèce et la Turquie. Par la doctrine Truman, le gouvernement américain afficha son désir « d'aider les peuples libres qui résistent aux tentatives d'asservissement exercées par les minorités armées ou à toutes autres pressions extérieures ». Quelques années plus tard, cette doctrine aura des conséquences importantes en Asie et en Amérique du Sud. Troisièmement, le gouvernement américain décida que l'Europe devait rapidement se relever de la guerre et alla jusqu'à dépenser 12,5 milliards de dollars entre 1948 et 1951. Ce programme de rétablissement européen ou plan Marshall, du nom du secrétaire d'État George Marshall, reconnut que la politique isolationniste menée par les États-Unis entre les deux guerres avait nui aux intérêts du pays mais aussi à ceux de l'Europe. Un quart de l'argent fut attribué à la Grande-Bretagne, un cinquième à la France et le reste fut partagé entre les pays européens qui en firent la demande. Pour Moscou, le plan Marshall n'était ni plus ni moins qu'un stratagème capitaliste et le gouvernement soviétique ordonna à ses États satellites de refuser l'offre des Américains. Au total, seize pays d'Europe de l'Ouest bénéficièrent du plan Marshall.

Le 18 juin 1948, la zone économique de l'Allemagne de l'Ouest fit du Deutsche Mark sa monnaie officielle et, dix jours plus tard, les troupes soviétiques coupèrent toutes les voies ferroviaires et routières entre Berlin et l'Ouest afin que la ville ne soit pas « contaminée » par la nouvelle monnaie. Dès lors, la politique soviétique entreprit non seulement d'avoir le contrôle politique et militaire sur l'Europe orientale mais aussi de couper les régions de l'Est de l'Ouest capitaliste. Cette politique épuisa les ressources du pays et appauvrit les États dépendant de l'URSS, même si la situation ne fut pas immédiatement perceptible, d'autant qu'à cette époque, toute personne proposant un programme avait ses chances. Un gouvernement central avec des outils « scientifiques » faisait fureur en Europe. Une grande guerre avait été gagnée par la coordination de la communication, par des puissances qui venaient de se développer et qui fournissaient les équipements, les ressources et la main-d'œuvre. Puisque cela avait fonctionné pour les armées, il n'y avait aucune raison pour que cela ne marche pas pour l'économie, n'est-ce pas ? Et personne n'avait de plus grands et de meilleurs projets que les Soviétiques, tout au moins sur le papier.

L'Europe de l'Ouest et plus précisément l'Allemagne de l'Ouest connurent un décollage économique dans les années 1950 et, au sein des élites dans les domaines administratif, culturel et politique, il y eut un rapprochement franco-allemand. La IVe République, de courte durée (1946-1958), fut un épisode de l'histoire politique française marqué par une instabilité chronique, aggravée par les vaines tentatives du gouvernement pour ne pas perdre l'Algérie française.

Le nationalisme fut une invention européenne qui s'exporta facilement et qui, comme par ironie, contribua partout à la dissolution du pouvoir colonial. Les empires européens finirent par accepter avec plus ou moins de difficulté que la partie était finie. Le besoin d'imposer l'ordre avait changé la donne. Les colonies, qui jadis étaient sources de gloire et de richesse, étaient devenues de véritables fardeaux qui coûtaient cher. Les pays d'Europe de l'Ouest pouvaient désormais se concentrer sur leurs propres problèmes. La France opta pour le centralisme exécutif (une autre tradition nationale) et Charles de Gaulle, qui fut à la tête du pays de 1958 à 1969, mit fin à la guerre d'Algérie.

Les origines du projet européen

La nécessité de développer et de maintenir l'amitié franco-allemande joua un rôle crucial dans le raisonnement sous-jacent aux traités de Rome. En 1957, l'économie de l'Allemagne de l'Ouest était en plein essor alors que, sur le plan politique, le pays devait encore se stabiliser. La réconciliation entre la France et l'Allemagne franchit une nouvelle étape lorsque le général de Gaulle et le chancelier Adenauer signèrent le traité de l'Élysée en 1963, fixant les objectifs d'un programme commun dans les domaines des affaires étrangères, de la défense et de l'éducation. Les pays qui signèrent ou apportèrent leur soutien aux traités de Rome jouirent d'une respectabilité politique. L'unification européenne séduisit, d'un point de vue individuel, tout particulièrement les hommes et les femmes politiques et les administrateurs à l'âme noble qui pensaient que la démocratie, après avoir délogé le totalitarisme, avait besoin d'une main venue d'en haut pour l'empêcher de dégénérer.

Jean Monnet, dont la fameuse note rédigée en 1950 inspira la mise en place de la CECA ainsi qu'une grande partie de l'ensemble du projet (y compris l'Union monétaire), fut un personnage atypique dont les idées inspirèrent nombre de personnes. Jean Monnet travailla pour la SDN, il fonda une grande banque américaine puis il se vit confier le programme de reconstruction économique de la France d'après 1945. Cet homme d'une intelligence exceptionnelle et d'une grande bonté n'eut jamais de fonction élective. Lors de la conférence de Messine en 1955, les six États à l'origine de la CEE arrivèrent à la conclusion que si une union politique était souhaitable, c'était un objectif trop ambitieux et trop prématuré pour eux. Ils décidèrent en conséquence de se concentrer sur l'union économique, ce qui explique que la CEE fut, dans un premier temps, un marché commun destiné à abolir les tarifs douaniers de chacun des pays membres, à favoriser la libre circulation des marchandises mais aussi à mettre en place une politique de commerce extérieur commune. Plus tard, l'Europe de l'Ouest sera accusée de « protectionnisme », ses détracteurs lui reprochant de prospérer grâce aux barrières commerciales communes protégeant les pays membres des économies du reste du monde, notamment de l'Asie. Mais le projet d'unification politique avançait en sourdine, sans formalisation officielle et la CEE se vit reprocher le fait d'être calculatrice, ambiguë et malhonnête.

Dans les années 1950, les pays qui avaient le plus à gagner de l'unification étaient ceux qui craignaient le plus un nouveau militarisme allemand, à savoir la France et l'Allemagne de l'Ouest. D'autres pays signèrent les traités de Rome, ce qui fit apparaître de nouvelles motivations. Les pays qui, comme la Grande-Bretagne dans les années 1970 et les pays ex-communistes dans les années 1990, traversaient une passe économique difficile trouvèrent qu'une autorité extérieure les aiderait à imposer une discipline financière pour gérer leurs affaires internes. Des petits États comme l'Irlande bénéficièrent de fonds régionaux alors que des pays sortis du fascisme comme le Portugal et l'Espagne voyaient des avantages à être perçus comme de « bons européens ». Le monde d'après-guerre était obsédé par le besoin de s'appuyer sur de grandes entités internationales dont les membres, qui se devaient de respecter les clauses des traités, empêcheraient une nouvelle guerre.

Le traumatisme postmilitariste, l'épuisement et la menace nucléaire américaine furent les véritables forces qui empêchèrent les Européens de s'entretuer. Mais les membres éclairés de la classe gouvernante d'Europe occidentale pouvaient toujours faire référence aux piliers d'un ordre nouveau établi par les traités : un Conseil des ministres constitué de membres de chacun des États membres définissait les politiques à suivre. Une Commission européenne veillait à leur application alors qu'un Parlement européen pouvait proposer certains textes – dans un premier temps, le rôle du Parlement était assez limité. Mais la véritable innovation fut le droit de l'Union européenne opposable aux lois votées par les Parlements de chaque État membre et interprété par la Cour de justice européenne : un élément totalement nouveau dans la politique moderne européenne.

Les points de divergence

Sous le général de Gaulle, la France sembla faire cavalier seul lorsqu'elle refusa l'intégration. Dans les années 1990, ce fut au tour de la Grande-Bretagne de passer pour le vilain petit canard alors que les autres États membres tentaient d'élaborer le traité de Maastricht destiné à renforcer l'union. La Grande-Bretagne alla jusqu'à refuser d'adopter la monnaie européenne, l'euro. Dans les années 1980, les relations économiques entre la Grande-Bretagne et les États-Unis s'étaient considérablement renforcées grâce à la politique du libre-échange. La gauche britannique, qui avait toujours refusé de faire partie du « club des capitalistes », s'enthousiasma pour le consensus social européen. Le capitalisme contrôlé par un État européen et alimenté par les subventions avait, à une époque, été source de prospérité mais il était désormais confronté à une concurrence imposée par les économies non contrôlées et les économies en voie de développement. La Grande-Bretagne commença à revendiquer une « souveraineté parlementaire » – ce à quoi elle avait renoncé en signant le traité d'adhésion à la CEE en 1973. Les partenaires européens de la Grande-Bretagne se souvenaient que leurs pères et leurs grands-pères étaient morts justement parce que des États, ne se préoccupant que de leur propre sort, s'étaient polarisés sur leurs droits souverains. Des deux côtés, les émotions se mêlaient à la raison et les interprétations des traités furent, une fois de plus, prises dans le cours de l'histoire qui avait divisé mais aussi uni l'Europe.

28 octobre 1962

Nikita Khrouchtchev accepte de retirer les missiles soviétiques de Cuba

Les superpuissances évitent de justesse un Armageddon

« *Nous nous fixons du regard et je crois que l'autre a cligné des yeux.* »

Dean Rusk, secrétaire d'État américain de 1961 à 1969

28 août 1963

« J'ai un rêve »

Martin Luther King s'adresse à la foule sur les marches du Lincoln Memorial

« [...] sa fin violente[...] est le reflet de l'hostilité de l'humanité envers ceux qui la contrarient en faisant tout ce qui est en leur pouvoir pour lui faire grimper péniblement une marche de plus sur l'échelle qui mène du singe à l'ange. »

Isidor Feinstein Stone, 1968

La voix qui s'élève vers le ciel sur les rives du fleuve Potomac est celle d'un jeune pasteur baptiste. L'homme parle avec éloquence. Il est beau, intelligent et noir. 1963 marque les cent ans de la Proclamation d'émancipation, décret signé lors de la guerre de Sécession entre les États confédérés du Sud et l'Union du Nord qui déclara libres tous les esclaves sur le territoire de la Confédération. Plus de 200 000 personnes se sont réunies à Washington, malgré la chaleur humide de ce mois d'été, pour écouter le discours du Dr Martin Luther King sur la fin des préjugés et la réalisation d'une prophétie. L'homme se tient sur les marches du Lincoln Memorial, dont les colonnes rappellent le Parthénon, soulignant ainsi le lien qui existe entre les revendications pour la démocratie des Athéniens au vᵉ siècle av. J.-C. et celles des Américains au milieu du xxᵉ siècle. Les mots du pasteur, bien que d'une grande simplicité, sont lourds de sens et chargés d'une valeur morale. Un siècle après le décret sur l'émancipation, « nous devons affronter une dramatique réalité, à savoir que les Noirs ne sont toujours pas libres ». Entravé par les « chaînes de la discrimination », condamné à vivre « sur un îlot de pauvreté perdu au milieu d'un vaste océan de prospérité matérielle », le Noir américain est « exilé dans son propre pays ».

« Il est temps […] de sortir de la vallée obscure et désertée de la ségrégation et d'emprunter la voie éclairée par les rayons du soleil de la justice raciale. » Les Noirs américains ne connaîtront pas le repos « tant que la justice ne coulera pas comme un fleuve et la vertu comme un torrent intarissable ». Comme le dit le pasteur, parmi les hommes et les femmes venus l'écouter se trouvent « des vétérans de la souffrance créative ». Des vétérans qui se sont battus pour la défense des droits civiques et qui, de ce fait, ont été exposés aux persécutions, aux coups et à l'emprisonnement. Mais « la souffrance non méritée est rédemptrice » et rien ne sert de « s'embourber dans la vallée du désespoir [...] Je vous dis aujourd'hui, mes amis, qu'en dépit des difficultés et des frustrations auxquelles nous devons faire face, je garde en moi un rêve. Un rêve profondément enraciné dans le rêve américain ». Tous les États de la nation verront un jour se réaliser leur credo à savoir « que tous les hommes naissent égaux en droits ». Martin Luther King rêve qu'un jour ses quatre enfants « vivront dans une nation où ils ne seront pas jugés pour la couleur de leur peau mais pour ce qu'ils sont [...] et quand retentira la liberté [...] nous pourrons précipiter la venue de ce jour où tous les enfants de Dieu, les Noirs et les Blancs, les Juifs et les Gentils, les protestants et les catholiques pourront se donner la main et entonner les paroles du vieux negro-spiritual "Enfin libres. Enfin libres. Merci Dieu Tout-Puissant, nous sommes enfin libres" ». À travers son discours, le Dr King met en exergue ce que la nation américaine a de mieux en elle.

L'homme qui avait un rêve

Martin Luther King (1929-1968) naquit à Atlanta en Géorgie au sein d'une famille noire appartenant à la classe moyenne. Comme son père et son beau-père, le jeune homme devint pasteur baptiste et, en 1954, il commença d'exercer son ministère dans la ville de Montgomery en Alabama.

En cette période d'après-guerre, la théologie réformatrice connaissait un renouveau créateur avec une interprétation fortement éthique des Évangiles, qui correspondait à l'esprit de Martin Luther King. Le pasteur qu'il était fut immédiatement reconnu comme un prédicateur d'une intelligence et d'une éloquence proches du sublime, capable d'enflammer son auditoire. Rationnel, il sut mener avec brio la campagne en faveur de l'abolition de la ségrégation dans les transports publics à Montgomery lorsque Rosa Parks, activiste noire, refusa de céder sa place à un passager blanc et d'aller s'assoir au fond du bus. La Conférence des leaders chrétiens du Sud, organisation activiste locale, lui permit de mettre en place une campagne qui se propagea dans tous les États du Sud. Après un séjour en Inde (1956), il devint un défenseur de la philosophie de désobéissance civile non violente prônée par le Mahatma Gandhi, convaincu que c'était la seule manière de faire « se rencontrer la force physique et la force de l'âme ». En 1960, il devint pasteur dans la même église baptiste d'Atlanta (Ebenezer Baptist Church) que son père et il se lança alors corps et âme dans la défense des droits civiques.

L'histoire de la ségrégation aux États-Unis

En 1896, la Cour suprême s'était prononcée par le biais de la doctrine « séparés mais égaux » en faveur de la ségrégation raciale dans les jardins publics, les cimetières, les théâtres mais aussi les écoles et les restaurants. À l'époque de Martin Luther King, des *sit-in* et des marches étaient organisés afin de pointer du doigt cette iniquité, créant un état de crise, alors que des scènes de violence montrant la brutalité des forces de police envers les manifestants, retransmises à la télévision, réveillaient la conscience des libéraux de race blanche. En 1963, le mouvement en faveur des droits civiques s'élargit pour déboucher sur une campagne contre la pauvreté et le chômage des Noirs. En août, une marche pour l'emploi et la liberté fut organisée et c'est ainsi que des milliers d'hommes et de femmes se retrouvèrent à écouter le discours prononcé par Martin Luther King sur les marches du Lincoln Memorial. Pour le pasteur, le plus important était d'arriver à une coalition interraciale. Pour lui, les Noirs américains « ne peuvent pas marcher seuls et nos frères blancs [...] ont compris que [...] leur liberté est inextricablement liée à notre liberté ». Si les vérités énoncées dans les Évangiles du Ier siècle après J.-C. et dans la Déclaration d'indépendance de 1776 étaient considérées comme universelles, l'égalité des droits « de la vie, de la liberté et de la quête du bonheur » se faisait encore attendre en Amérique – soit là même où ces droits avaient été pour la première fois précisés.

Après 1918, nombre de Noirs vivant dans le Sud partirent travailler dans le Nord, là où les entreprises fleurissaient, afin de répondre aux besoins de l'économie d'après-guerre. Cette migration offrit au peuple noir nombre d'opportunités tant sur le plan culturel que commercial. Dans les années 1920, Chicago devint la capitale du jazz grâce à King Oliver et Louis Armstrong venus de la Nouvelle-Orléans. Ce fut à la même époque que la famille de Berry Gordy quitta la Géorgie pour s'installer à Détroit où il créa la première société de disques, Motown, faisant ainsi découvrir la *soul music* jouée par les Noirs au monde entier. Dans les années 1950, le *swing*, le *blues* et le *rock 'n roll*, courants musicaux noirs, faisaient partie intégrante de la culture populaire américaine, la ségrégation en vigueur dans les États du Sud apparaissant ainsi anachronique et injuste.

Les États du Sud furent fortement frappés par la crise économique des années 1930 mais les hommes politiques en place, en majorité démocrates, firent en sorte que la politique interventionniste du New Deal ait un effet bénéfique sur la région. Le changement économique et la diversification favorisèrent le développement des syndicats et la hausse des salaires qui conduisirent à une plus grande indépendance économique et politique des travailleurs des États du Sud, y compris de la main-d'œuvre noire. En 1917-1918, les Noirs prirent conscience de la ségrégation et du racisme au sein de l'armée américaine. En dépit du travail réalisé par l'Association nationale pour l'avancement des gens de couleur (NAACP) fondée en 1909, les droits politiques des Noirs ne connurent aucune évolution entre les deux guerres. En 1935, la Cour suprême des États-Unis maintint les droits en vigueur dans les États afin que seuls les Blancs aient le droit de prendre part aux votes lors des primaires en vue de l'élection présidentielle. Franklin Delano Roosevelt signifia aux membres de la NAACP que, bien que contre le racisme, il ne pouvait adopter une loi antilynchage, les représentants des États du Sud au Congrès étant majoritairement démocrates. Mais la politique du New Deal avait sauvé la population noire du Sud de la faim, ce qui assura la victoire du parti démocrate.

Ce fut encore la guerre qui stimula l'économie du Sud et renforça la prise de conscience des Noirs. Les Noirs des États du Nord protestèrent vivement contre la ségrégation dans l'armée et les institutions qui prônaient la séparation des Noirs et des Blancs. La situation était d'autant plus injustifiable que les soldats noirs combattaient avec hargne le totalitarisme. Au début des années 1950, la ségrégation n'avait plus sa place au sein de l'armée américaine. En 1941, l'*Executive Order* obligea les entreprises travaillant dans le domaine de la défense nationale à signer une clause interdisant la discrimination raciale. Dans les États du Nord, plus industrialisés que ceux du Sud, les pratiques furent sinon justes, tout au moins plus équitables, tandis que les Noirs étaient de moins en moins passifs face à l'intolérance. Au cours de l'été 1941, des émeutes raciales eurent lieu à Détroit où la main-d'œuvre noire et blanche du Sud était venue pour travailler dans l'industrie automobile. La violence déployée montra que les Noirs étaient prêts à se venger des agressions infligées par les Blancs dans le Nord alors que dans le Sud, une communauté blanche tenant à sa prospérité était confrontée à une communauté noire désireuse de se battre pour défendre sa dignité. La Cour suprême accorda un plus large droit à l'éducation pour les Noirs et, en 1944, elle jugea non conforme à la Constitution les élections primaires réservées exclusivement aux Blancs. Mais ce fut en 1954 que commença une véritable révolution lorsque la Cour suprême décréta que la ségrégation à l'école – pilier central de tout un édifice dominé par les Blancs – violait la Constitution. « Séparés mais égaux » devint une notion interdite par la loi.

La lutte pour les droits civiques dans les années 1960

Les gouvernements des États du Sud soutenus par des « conseils de citoyens » locaux s'opposèrent aux réformes juridiques. La législation fédérale ne parvint pas à mettre fin aux intimidations répétées à la fois par des moyens physiques et administratifs et infligées aux Noirs du Sud qui tentaient de s'inscrire sur les listes électorales. En 1961, un mouvement baptisé *Freedom Rides* mené par des groupes de jeunes combattit la ségrégation dans les transports publics. Rapidement, le mouvement se propagea dans tous les États du Sud, ce qui créa des tensions sans toutefois changer les structures du pouvoir.

Les autorités de Birmingham dans l'Alabama furent contraintes d'abolir la ségrégation raciale après que la population conduite par Martin Luther King eut défilé dans les rues durant le printemps 1963. Mais il fallait se rendre à l'évidence : les petites victoires remportées ici et là ne résoudraient jamais le problème qui touchait l'ensemble du pays. Le président Kennedy, qui avait jusque là vigoureusement condamné les préjugés racistes mais peu agi concrètement, travailla à l'élaboration de plusieurs lois portant sur les droits civiques qui débouchèrent sur le *Civil Rights Bill* signé en juillet 1964, qui rendit illégale toute ségrégation dans les lieux publics et interdit toute discrimination raciale dans les entreprises alimentées par des fonds fédéraux.

Une multitude d'organismes fédéraux virent le jour afin de garantir la mise en application et le respect des lois portant sur les relations entre les races votées par le Congrès. Pour le président Lyndon Johnson, il était primordial de corriger les injustices sociales historiques et de mettre en place des opportunités touchant tous les secteurs de la société américaine. La loi sur le droit de vote de 1965 mit fin à toutes les procédures discriminatoires lors des élections. Mais alors que le Sud commençait à s'adapter, le Nord explosa. Le 12 août 1965, le quartier de Watts dans le sud de Los Angeles où vivaient quelque 80 000 Noirs fut le théâtre de six jours de violence. D'autres villes du Nord connurent le même sort tout au long de l'été. Le problème racial avait fusionné avec la crise sociale qui frappait les quartiers déshérités. Les mauvaises conditions d'hébergement, une éducation insuffisante et le chômage avaient donné naissance à un prolétariat noir qui, n'étant pas entendu, opta pour les émeutes. Martin Luther King comprit que les *sit-in* des pacifistes bourgeois inspirés par le Mahatma Gandhi ne serviraient à rien dans ces circonstances et dit qu'il vaudrait mieux que le budget attribué à la défense soit destiné à la rénovation des quartiers déshérités. Mais son mouvement avait tendance à s'effriter avec l'émergence d'un nouveau type d'activistes noirs qui prêchaient en faveur d'un « pouvoir des Noirs » contre les Blancs. Malcolm X (1925-1965) s'opposa à l'intégration et poussa les Noirs à l'auto-dépendance. Il fut tué par balle par un groupe rival de musulmans noirs. Le 4 avril 1968, Martin Luther King fut à son tour assassiné par un tireur isolé à Memphis au Tennessee, ce qui, dans plus de cent villes, donna lieu à des émeutes menées par des hommes et des femmes accablés de douleur et de rage.

Le 3 avril, en fin de journée, Martin Luther King s'était adressé aux fidèles d'une église de Memphis en ces termes : « […] j'ai vu la Terre promise. Je n'irai peut-être pas avec vous mais ce soir je veux que vous sachiez que nous, en tant que peuple, nous atteindrons la Terre promise. » Privée de son meneur, l'Amérique noire vécut avec le souvenir de sa prophétie et la grâce de son témoignage dans une époque d'épreuves. Le pèlerinage continua.

21 juillet 1969

« *Eagle* a atterri »

Les premiers hommes sur la Lune

« *La connaissance humaine et le pouvoir humain ne font plus qu'un.* »

Francis Bacon (1561-1626), dans un ouvrage intitulé *Novum Organum*, 1620, affirme qu'une recherche scientifique impartiale ne peut que profiter à l'humanité : les justifications de l'exploration spatiale s'inscrivent dans cette lignée.

Le vaisseau spatial *Apollo 11* est mis en orbite par la fusée la plus puissante de l'époque, *Saturn V*, qui quitte la rampe de lancement de Cap Kennedy (aujourd'hui Cap Canaveral) en Floride le 16 juillet 1969. Trois hommes ont pris place à bord du vaisseau spatial : Neil Armstrong, Michael Collins et « Buzz » Aldrin. La complexité et le coût des projets spatiaux du xxe siècle sont tels qu'ils doivent être pris en charge par les gouvernements et cette aventure est la dernière manifestation de la supériorité des Américains sur la Russie soviétique en cette période de guerre froide. Les trois hommes, comme tous les premiers humains dans l'espace, voyagent dans des modules ou capsules. *Apollo 11* est constitué d'un module de commande où prend place l'équipage, d'un module de service où se trouve le moteur de la fusée et d'un module lunaire destiné à transporter deux astronautes sur la surface de la Lune puis à les ramener dans le vaisseau spatial. Neil Armstrong, aux commandes du module lunaire surnommé *Eagle* (« l'Aigle »), évite les roches à la surface de la Lune puis se pose sur une plaine de basalte appelée mer de la Tranquillité à 16 h 18 heure américaine (fuseau horaire de l'est de l'Amérique) le 20 juillet. Une fois posé, Neil Armstrong prend contact avec la NASA (National Aeronautic and Space Administration) : « Houston, ici la base de la Tranquillité. *Eagle* a atterri. »

Six heures et demie plus tard, Neil Armstrong suivi de « Buzz » Aldrin font les premiers pas sur la Lune. Neil Armstrong a alors cette phrase qu'il a préparée avant son départ et qui a été validée par les autorités de la NASA : « C'est un petit pas pour l'homme mais un grand pas pour l'humanité. » Les deux hommes resteront deux heures et demie sur la surface déserte de la Lune avant de remonter dans le module avec des échantillons de roches. Douze heures plus tard, ils repartent vers le module de commande. Une rétrofusée ralentit la vitesse du vaisseau afin qu'il ne soit pas désintégré sous l'effet de la forte attraction gravitationnelle de la Terre. Le 24 juillet, la capsule, avec à son bord les trois spationautes, achève son périple dans l'océan Pacifique.

Les premiers pas vers le voyage spatial

L'histoire de la science qui rendit possible l'aventure d'*Apollo 11* commença avec les expérimentations en aérodynamique du mathématicien Constantin Tsiolkovski dans la Russie tsariste des années 1890. Puis, au cours des années qui précédèrent la Première Guerre mondiale, l'ingénieur et physicien américain Robert Huchings Goddard conduisit les premières recherches en astronautique à Worcester dans le Massachusetts et, dès 1915, le Congrès américain mit en place le Comité consultatif national pour l'aéronautique. Au début des années 1920, à l'université de Heidelberg, le physicien allemand Hermann Oberth démontra mathématiquement comment une fusée propulsée par un moteur à combustible liquide pouvait défier la force de gravité et ses expérimentations permirent le lancement d'une fusée près de Berlin le 7 mai 1931. Dans les années 1930, en Allemagne, les passionnés d'astronautique se réunissaient dans des clubs pour concevoir et fabriquer des fusées. C'est à cette époque que Wernher von Braun fonda l'Association pour les voyages dans l'espace. À la tête d'une équipe de chercheurs, il mit au point la fusée V-2 sur laquelle reposa toute la technologie spatiale américaine et soviétique.

En 1945, après avoir – comme la plupart des chercheurs travaillant avec lui – capitulé devant les forces américaines qui envahissaient l'Allemagne, Wernher von Braun, refusant de renoncer à son avenir de scientifique, décida de partir pour les États-Unis où il rejoignit une équipe de scientifiques travaillant sur les missiles guidés.

L'homologue soviétique de Wernher von Braun, Sergei Koroliov, lança avec son équipe la première fusée équipée d'un moteur à combustible liquide en 1930. Il fut arrêté et incarcéré durant la Seconde Guerre mondiale suite à des accusations de stalinistes paranoïaques. Libéré, il modifia certains détails du V-2 et fut l'esprit de génie qui, le 4 octobre 1957, permit le lancement de *Spoutnik 1*. Le premier satellite artificiel à être allé dans l'espace était propulsé par le moteur mis au point par Sergei Koroliov pour les missiles balistiques intercontinentaux soviétiques.

Explorer 1, conçu par Wernher von Braun pour l'armée américaine, fut lancé en janvier 1958. Les instruments scientifiques qui équipaient le premier satellite artificiel américain permirent de grandes découvertes dans le domaine de l'aéronautique : la Terre était entourée par deux zones de radiation, toutes deux constituées de particules d'énergie emprisonnées dans le champ magnétique terrestre. Dans le plus grand secret, les États-Unis développèrent parallèlement les satellites de reconnaissance capables de fournir des images détaillées des sites dans lesquels se trouvaient les missiles et des bases aériennes sur le territoire soviétique.

La course pour la conquête de l'espace

En 1958, la NASA lança son programme Mercury. Youri Gagarine devint le premier homme dans l'espace lorsqu'il réussit à effectuer une orbite autour de la Terre à bord du vaisseau *Vostok 1* lancé en avril 1961. En mai 1961, Alan B. Shepard fut le premier Américain à aller dans l'espace. La même année, deux autres vols habités américains connurent un succès comparable. John Glenn fut le premier spationaute américain à effectuer trois fois le tour de la Terre en février 1962. En mars 1965, les Soviétiques montrèrent une fois de plus qu'ils avaient une longueur d'avance. Ils modifièrent leur vaisseau spatial de manière à ce qu'il puisse emmener trois personnes et Alekseï Leonov fut le premier homme à quitter la capsule *Voskhod* en orbite et à flotter dans l'espace. Edward H. White II fut le deuxième lors d'une mission du programme Gemini qui permit le développement de vaisseaux pouvant emmener simultanément deux personnes dans l'espace en juin 1965. Le programme Gemini fut également la preuve que des êtres humains pouvaient vivre et travailler dans l'espace durant 14 jours. Sergei Koroliov, qui voulait aller encore plus loin, avait commencé à travailler sur la deuxième génération de vaisseaux spatiaux. Le vaisseau spatial *Soyouz* devait pouvoir se poser sur la Lune et se mettre en orbite autour de la Terre et de la Lune. Les Soviétiques connurent leur premier échec lorsque *Soyouz 1* s'écrasa le 23 avril 1967 avec, à son bord, le colonel Vladimir Komarov.

Les États-Unis, quant à eux, voulaient voir le premier vol habité se poser sur la Lune avant 1970 – un engagement pris par le président Kennedy le 25 mai 1961. Pour atteindre cet objectif, le budget attribué à la NASA fut multiplié par cinq en trois ans, ce qui permit à l'agence d'employer jusqu'à 34 000 salariés et de collaborer avec quelque 375 000 personnes travaillant pour des entreprises ou des centres de recherche indépendants.

L'URSS espérait réaliser un vol autour de la Lune avant le 50e anniversaire de la révolution soviétique, soit avant 1967, et elle conçut la fusée *Proton* à ces fins tout en développant parallèlement la fusée *N1* qui devait permettre à un cosmonaute de se poser sur la Lune. La disparition de Sergei Koroliov en 1966 porta un coup sévère aux programmes soviétiques qui, par ailleurs, étaient mis à mal par des rivalités personnelles, des désaccords scientifiques mais aussi des budgets insuffisants. Après quatre tentatives de lancement malheureuses entre 1969 et 1972, le programme N1 fut annulé en mai 1974, mettant fin à tous les espoirs des Soviétiques de voir un cosmonaute sur la Lune. Les Soviétiques ne réussirent pas non plus à mettre un vol habité en orbite autour de la Lune tout en réalisant avec succès plusieurs vols inhabités.

En janvier 1967, *Apollo 1* prit feu lors d'un test au sol. Trois spationautes perdirent la vie. En décembre 1968, *Apollo 8* fut lancée et quitta l'orbite terrestre pour l'orbite lunaire. Les premières photographies couleur de la Terre furent prises de l'espace. En novembre 1969, le lancement d'*Apollo 12* fut également un succès pour les États-Unis, à la différence de la mission *Apollo 13* en avril 1970 qui dut être écourtée suite à l'explosion de l'un des réservoirs d'oxygène du module de service. Lors des trois dernières missions Apollo, les équipages utilisèrent un petit chariot spatial pour s'approcher de la zone d'atterrissage. Mais après le lancement d'*Apollo 17* en décembre 1972, les États-Unis, ayant gagné leur pari politique et ayant réussi à dépasser les Soviétiques, abandonnèrent pour trente ans l'idée d'envoyer d'autres hommes sur la Lune. Envoyer des hommes sur Mars et autres planètes éloignées de la Terre fut inscrit au programme bien que des robots se soient déjà posés sur Vénus, Mars mais aussi la Lune.

Aux États-Unis comme en URSS, les chercheurs se concentrèrent sur la conception et la fabrication de stations spatiales avec des plateformes habitées capables de se mettre en orbite autour de la Terre. À partir de 1972, les États-Unis se tournèrent vers les navettes spatiales – véhicules lancés par des fusées pouvant transporter des personnes et des marchandises autour de la Terre avant de planer pour se poser sur une piste d'atterrissage – les navettes pouvant aussi emmener des personnes et transporter des marchandises jusqu'à une station spatiale.

La première station spatiale américaine, *Skylab*, fut lancée en mai 1973. Elle resta en orbite huit mois et demi et la dernière équipe qui la rejoignit demeura 84 jours à bord. Aux stations spatiales soviétiques *Saliout* succédèrent les stations *Mir*, lancées en février 1986, et qui accueillirent des astronautes jusqu'au milieu des années 2000. À cette époque, la coopération était à la mode et une station spatiale internationale permit de voir se réaliser les aventures spatiales des États-Unis, de ses partenaires mais aussi de la République russe nouvellement constituée.

Les conséquences de l'exploration spatiale

Les prévisions météorologiques et les estimations des rendements des cultures devinrent de plus en plus précises grâce à la technologie spatiale. Les changements environnementaux furent cartographiés de manière plus fine à une période où l'humanité prenait de plus en plus conscience de la fragilité de la Terre : les photographies de cette belle planète prises de l'espace avaient stimulé l'imagination. Les systèmes de communication furent révolutionnés. Dès 2000, les satellites permettant le transfert instantané de la voix, des images et des données sont devenus un domaine d'activités extrêmement rentable. L'exploration par satellites de l'univers, des galaxies et des étoiles a apporté la preuve que le Big Bang était à l'origine de l'univers.

Vers le milieu de la première décennie du XXIe siècle, quelque 500 hommes et femmes de 30 pays différents étaient allés dans l'espace. 18 n'en étaient jamais revenus et seulement 27 étaient sortis de l'orbite terrestre. 12 Américains posèrent un pied sur la Lune dans le cadre des six missions Apollo entre juillet 1969 et décembre 1972. Mais, à ce jour, personne n'a encore quitté l'orbite terrestre pour se rendre sur une autre planète. Le désert sur la Lune et le fait de n'avoir jamais trouvé la moindre présence de vie organique sur une autre planète laissent à penser que les Hommes ne peuvent vivre que sur la Terre. La Chine est le seul pays du tiers-monde à avoir réalisé un vol spatial habité en octobre 2003 avec le vaisseau spatial *Shenzou*. En janvier 2004, contre toute attente, le président George W. Bush annonça la mise en œuvre d'un programme destiné à établir une base habitée permanente sur la Lune pour 2020 et un point de ravitaillement pour les expéditions à destination de Mars vers 2030.

Au début du XXIe siècle, Israël, le Canada, la Chine, le Japon, l'Inde et le Brésil se livrèrent également à la découverte de l'espace, s'élevant, de ce fait, au-dessus des pays appartenant à la même catégorie géopolitique. L'Agence spatiale européenne essaya de coordonner les efforts de tout un continent. L'exploration spatiale put ainsi continuer à élargir l'horizon des Hommes tout en reflétant les aspirations des différents États du globe. Selon le traité de l'Espace de 1967 à l'initiative des Nations unies, aucun pays ne peut revendiquer sa souveraineté sur la Lune ou les autres corps célestes. Une clause du traité empêche tout pays de mettre en place des armes nucléaires ou autres armes de destruction massive en orbite. Mais ces accords étaient le reflet d'un duopole de deux superpuissances qui n'a plus cours. La prolifération et la disponibilité d'un armement sophistiqué ainsi que l'émergence d'une mosaïque d'États, certains étant à la fois instables et agressifs, firent entrevoir l'éventualité de nouveaux dangers provenant du firmament exploré et menaçant une Terre fragile.

29 mars 1973

Les derniers soldats américains quittent le Viêtnam

L'Amérique subit une défaite historique

« *L'armée conventionnelle perd si elle ne gagne pas. La guérilla gagne si elle ne perd pas.* »

Henry Kissinger, conseiller du président pour les questions de sécurité nationale, explique le dilemme auquel l'armée américaine est confrontée, janvier 1969.

Les accords de paix passés entre les États-Unis et le Nord Viêtnam le 28 janvier 1973 annoncent la fin d'une guerre destructrice commencée dix ans plus tôt. À partir de l'été 1972, les forces américaines et sud-vietnamiennes battent en retraite devant une offensive de grande ampleur menée par l'armée nord-vietnamienne. Désirant prouver que l'armée américaine est encore capable de résister, le président Richard Nixon ordonne la reprise des bombardements dans le Nord Viêtnam en avril 1972. Mais fin 1972, les autorités du Nord et du Sud Viêtnam refusent les termes de l'accord de paix proposés par les Américains. Les négociations qui avaient débuté quatre ans plus tôt à Paris s'éternisaient. En décembre 1972, le Nord Viêtnam subit de nombreux bombardements et, alors que l'armée américaine commence à se désengager du Sud, les troupes nord-vietnamiennes sentent que la victoire est proche. Selon les termes des accords de paix, les États-Unis s'engagent à faire évacuer leurs troupes du Viêtnam dans les 60 jours et un processus politique est défini afin de mettre fin au conflit dans le Sud Viêtnam. 100 000 Nord-Vietnamiens et Viêt-congs restent dans le Sud et les combats reprennent fin 1974. Le 30 avril 1975, Saigon tombe. Le Viêtnam est officiellement réunifié le 2 juillet 1976 avec la constitution de la République socialiste du Viêtnam. 56 000 soldats américains ont péri lors du conflit et 270 000 ont été blessés inutilement.

Les États-Unis devinrent impliqués dans la situation au Viêtnam lorsque le gouvernement américain décida de contenir le « communisme dans le monde » et de s'y opposer. La théorie à la mode chez les politiciens de Washington était celle de « l'effet domino » qui affirmait que les gouvernements communistes, une fois en place, contaminaient idéologiquement leurs voisins. Si tout le Viêtnam devenait communiste, cela aurait des répercussions sur l'ensemble des pays du Sud-Est asiatique puis sur le Japon et les Philippines, régions à l'est du Pacifique où les États-Unis avaient des intérêts en jeu. En Europe, la classe gouvernante était arrivée à la conclusion que le colonialisme n'était plus de mise du fait de la montée du nationalisme dans les pays du tiers-monde. Le gouvernement américain fut obligé de se rendre à l'évidence et de reconnaître qu'il en était de même au Viêtnam. Les troupes américaines, qui avaient été envoyées au Viêtnam pour combattre le communisme, furent, en fait, battues par le nationalisme.

Les origines de la guerre du Viêtnam

Le Viêtnam faisait partie, avec le Cambodge et le Laos, de l'Empire français d'Indochine. La conquête de l'Indochine par le Japon lors de la Seconde Guerre mondiale mit définitivement un terme à la domination de la France dans cette région du monde alors qu'à la même époque, les Américains apportaient leur soutien à la montée du nationalisme vietnamien. Après la guerre, la France tenta vainement de restaurer son empire. Elle réussit à persuader le président Truman qu'il pouvait agir contre la menace du communisme international et, dans les années 1950, l'implication américaine se traduisit par un apport de fonds et de matériel militaire.

En mai 1954, le siège de Diên Bien Phu par la résistance vietnamienne se termina par une cuisante défaite française. Rapidement, les colonies françaises – Maroc, Tunisie et Indochine – s'engagèrent dans un processus de décolonisation. Le Cambodge était devenu indépendant en 1953. Quelques mois plus tard, ce fut le tour du Laos. Mais les États-Unis persistèrent et exigèrent la séparation du Viêtnam le long du 17e parallèle. Le Nord devint un État communiste dirigé par Hô Chi Minh et le Sud, une puissance indépendante grâce au soutien militaire et financier des États-Unis. Mais le gouvernement sud-vietnamien, avec à sa tête le président Ngô Dinh Diêm, n'était guère populaire, malgré son anticommunisme. Lorsqu'il refusa de mettre en place des réformes agraires, il s'attira les foudres des paysans. Or l'exemple de la Chine de Mao Tsé-toung avait montré que des paysans mécontents pouvaient être séduits par la fusion du marxisme-léninisme et du nationalisme.

Le gouvernement Kennedy reconnut que seule une coalition gauche-droite pouvait mettre fin à la guerre civile qui avait éclaté au Laos en 1959. Les États-Unis s'engagèrent à soutenir la cause du Sud Viêtnam devenu indépendant et envoyèrent des « conseillers » militaires dans le pays. C'est ainsi que 17 000 soldats américains se retrouvèrent au Sud Viêtnam. Cette prise de position n'était qu'un avant-goût de la politique du président Johnson pour lequel la défense du pays n'était en fait qu'une croisade contre le communisme. Fin 1964, le Viêt-cong communiste, guérilla clandestine, était prêt à remporter une victoire. Le fait que les Russes et les Chinois soutiennent le Viêt-cong ne fit que confirmer ce que le gouvernement américain pressentait : il se trouvait bien confronté à une conspiration communiste mondiale et cela malgré la franche hostilité entre Moscou et Beijing. Pour justifier leur intervention dans ce qui était devenu une guerre civile, les États-Unis n'hésitèrent pas à affirmer que, du point de vue historique et culturel, le Nord et le Sud Viêtnam étaient deux pays totalement différents qui, de ce fait, devaient être gérés par deux gouvernements distincts. En défendant la souveraineté du Sud Viêtnam, les États-Unis se virent contraints et forcés d'apporter leur soutien aux dictateurs militaires successifs qui dirigèrent le pays après le coup d'État de 1963 qui conduisit à l'assassinat du président Diêm. Ce faisant, les États-Unis affichèrent une manière bien particulière de défendre les « valeurs démocratiques » par rapport à la tyrannie communiste.

En août 1964, les forces armées nord-vietnamiennes torpillèrent le destroyer américain *Maddox* au large des côtes vietnamiennes dans le golfe du Tonkin. Depuis plusieurs mois, la flotte américaine menait des actions secrètes mais le gouvernement américain présenta l'incident comme étant une attaque sans aucune provocation. Cinq jours plus tard, le Congrès américain vota la résolution du golfe du Tonkin, autorisant le président à « prendre toutes les mesures nécessaires pour repousser toute attaque armée contre les forces américaines et pour prévenir toute agression éventuelle ». En décembre, le président Johnson annonça que « l'aide » apportée au Sud Viêtnam allait être considérablement renforcée et, les 7 et 8 février 1965, les hostilités militaires à découvert commencèrent. Les bombardiers américains entrèrent en action au-dessus du Nord Viêtnam afin de stopper l'infiltration d'armes et d'hommes dans le Sud Viêtnam. Environ 3 500 Marines accostèrent dans le port de Da Nang, non loin de la frontière entre le Nord Viêtnam et le Sud Viêtnam.

En juillet, 75 000 soldats américains, auxquels vinrent s'ajouter les soldats australiens et néo-zélandais envoyés en renfort, étaient sur le sol vietnamien. En 1968, 500 000 soldats américains se battaient au Viêtnam.

L'impact du conflit

L'économie rurale du Sud Viêtnam fut considérablement affectée par la guerre. En effet, les paysans, fuyant les campagnes ravagées, se réfugièrent dans les villes, créant ainsi d'importants problèmes sociaux. Le Viêtnam qui, jusqu'alors, était un pays exportateur de riz, devint un pays importateur. L'économie sous-développée du pays fut également ébranlée par l'entrée sur le territoire de la devise américaine, qui entraîna une forte inflation et favorisa le développement du marché noir. Les avantages de la tactique de guérilla viêt-cong dans les campagnes, accompagnée d'une stratégie souple en terrain connu, apparurent de plus plus évidents après une première période de succès militaires américains. Les soldats américains furent envoyés dans la jungle pour des missions de traque et d'élimination de l'ennemi. Les attaques perpétrées par les hélicoptères américains contre la guérilla se soldèrent par la mort de civils et de Viêt-congs. Les rizières fournissaient aux Viêt-congs d'excellents terrains d'entraînement, auxquels vinrent s'ajouter des bases mises en place au Laos et au Cambodge.

La guerre du Viêtnam exacerba la brutalité des soldats américains démoralisés, divisa une société américaine traumatisée alors que sur le plan national, mais aussi international, l'efficacité et la probité des institutions américaines étaient remises en question. Le 16 mars 1968, des soldats américains sous le commandement du lieutenant William Calley massacrèrent 109 femmes, hommes et enfants dans le village de My Lai. Un massacre que le haut commandement essaya de cacher.

La fin de la guerre

La guerre du Viêtnam fut la première guerre de l'ère de la télévision et l'influence des médias sur l'opinion publique fut l'un des éléments qui conduisirent à la défaite finale des États-Unis. Fin janvier 1968, les Viêt-congs et leurs alliés nord-vietnamiens lancèrent une offensive de grande ampleur sur plus de cent villes et bases militaires du Sud Viêtnam mais ils furent repoussés. Les lourdes pertes infligées par les forces aériennes américaines – nombre de reportages étant diffusés sur les chaînes télévisées – firent de l'offensive du Têt une victoire politique pour ceux qui venaient d'essuyer une défaite militaire. En 1968, il devint évident que, malgré ses lourdes pertes, le nationalisme vietnamien était une puissante force qui ne pouvait pas être vaincue par les méthodes conventionnelles auxquelles avait recours la puissance américaine, et les bombardements du Nord n'eurent que peu d'effets sur les voies de ravitaillement viêt-cong.

La télévision révéla également une différence de taille au sein même de l'armée entre les simples soldats – en majorité des Noirs ayant voulu fuir la pauvreté – et les officiers – en majorité des Blancs.

Au début de l'année 1969, le nombre de soldats américains blessés ou tués lors de la guerre du Viêtnam se montait à 222 351. Or la plupart était des Noirs... Les étudiants, principalement des Blancs, bénéficiaient en effet d'un sursis leur permettant de ne pas être incorporés avant la fin de leurs études. Sur les campus, les étudiants manifestèrent non seulement contre la guerre mais aussi contre l'interprétation des « valeurs américaines » dont le gouvernement se servait pour justifier le conflit. Autrement dit, le Viêtnam contribua à la mise en place d'une politique de la « jeunesse » et à la propagation d'une « contre-culture » empreinte de désillusion. Comme par ironie, les programmes des réformes proposés par le président Johnson étaient destinés à guérir les divisions au sein de la société américaine mais les budgets avaient considérablement été amoindris par les dépenses consacrées à la guerre, d'où des difficultés à les mettre en place.

Le 31 mars 1968, ce fut un président brisé qui annonça qu'il ne se représenterait pas aux élections. Lorsque les membres du parti démocrate se réunirent à Chicago, des protestataires manifestèrent, exigeant que la guerre se termine. Le vice-président Hubert Humphrey fut le candidat choisi pour les élections présidentielles. Le président Johnson, cherchant à soutenir la campagne de Hubert Humphrey, annonça le 31 octobre l'arrêt des bombardements aériens et navals sur le Nord Viêtnam. Mais le candidat qui avait prôné la guerre ne réussit pas à insuffler l'énergie nécessaire à un parti divisé par la politique menée au Viêtnam. Le candidat républicain Richard Nixon, qui remporta les élections, décida de continuer la guerre tout en lançant le processus de retrait des troupes américaines. Le président passa outre le Congrès lorsqu'en mars 1969, il ordonna que soient bombardées les bases viêt-congs à l'est du Cambodge, bombardements qui furent suivis de l'invasion de la région par les troupes américaines en mai 1970. Ce faisant, le président n'avait pas respecté la Constitution. Les Viêt-congs s'étaient déjà retirés vers l'ouest et l'action des Américains ne fit qu'aggraver la guerre civile qui se déroulait au Cambodge. Les forces communistes en place dans le pays refusèrent d'avoir les pieds et les mains liés par les clauses des accords de paix signés en janvier 1973, ce qui donna lieu à toute une série de bombardements aériens intensifs de la part des Américains. L'effondrement du Cambodge préfigura d'un cauchemar pire encore : le génocide organisé par Pol Pot, dont la paranoïa conduisit à la mort de plus d'un million de Cambodgiens entre 1975 et 1979.

À la fin du XXe siècle, Robert McNamara, le secrétaire américain à la Défense dans les années 1960, expliqua que le Viêtnam était l'illustration de la complexité d'une guerre moderne et que la compréhension humaine n'était tout simplement pas capable de maîtriser une telle complexité. Mais ce fut une illusion gouvernementale collective, certes corrigée par la suite, qui conduisit les États-Unis à s'impliquer dans la guerre du Viêtnam. Robert McNamara n'avait pas tort lorsqu'il disait qu'au Viêtnam, les États-Unis avaient vu ce en quoi ils voulaient croire : une vaste conspiration contre eux-mêmes. À Washington, un mur de granit noir évoque le souvenir de ceux qui furent sacrifiés au nom d'une illusion, afin que personne ne les oublie.

16 octobre 1973

L'OPEP augmente le prix du pétrole

La récession frappe l'Occident

« *Ce fut la première fois que les grands États industriels durent se soumettre à la pression exercée par les États préindustriels.* »

Institut international pour les études stratégiques, *Étude stratégique*, 1973

3 février 1976

L'accession au pouvoir de William Henry Gates III

L'impact de Microsoft

« *Il n'existe pas de village universel. La plupart des médias sont enracinés dans leur culture nationale et locale.* »

Déclaration du Rupert Murdoch, nabab australo-américain de l'industrie médiatique, parue dans le *Business Review Weekly* le 17 novembre 1989

Le jeune homme de 20 ans qui vient d'abandonner ses études entamées à Harvard laisse éclater sa colère. Le 3 février 1976, dans une lettre ouverte, Bill Gates dit à celles et ceux qui, comme lui, se passionnent pour l'informatique, que, bien qu'ils acceptent le fait de devoir acheter un ordinateur, « la plupart d'entre vous ne paient pas le logiciel qu'ils utilisent » et que, par conséquent, « ils commettent un vol ». En fait, Bill Gates est en colère contre les utilisateurs de l'Altair BASIC – logiciel qu'il vient de mettre au point avec son ami Paul G. Allen – qui ne paient pas de royalties. Sa réaction laisse présager que la première étape de la révolution informatique sera dominée par un monopole. La société Microsoft de Bill Gates optera en effet pour une politique *closed-source*, refusant l'accès du code source de ses programmes informatiques et rendant de ce fait impossible toute modification du logiciel par les utilisateurs. Au début du XXIe siècle, la fortune personnelle de Bill Gates a été estimée à plus de 50 milliards de dollars et la suprématie de Microsoft sur le marché de l'informatique a transformé les conditions de travail mais aussi les loisirs, et ce, partout dans le monde.

Sur le chemin de la fortune

Dès son plus jeune âge, le passe-temps de Bill Gates (né en 1955) était l'informatique. En 1975, il commença à développer avec son ami Paul G. Allen, rencontré au lycée de Seattle, des logiciels pour des micro-ordinateurs qu'ils commercialisèrent peu à peu. Contenant une seule et unique puce dans laquelle étaient regroupés tous les processus informationnels, logiques et arithmétiques, ces micro-ordinateurs devinrent de plus en plus sophistiqués et aptes à traiter une multitude d'informations. Dans les années 1980, ces micro-ordinateurs devinrent la base des systèmes informatiques des ordinateurs personnels ou PC (*personal computers*) et des postes de travail, tout en permettant de faire marcher nombre d'autres applications allant des jeux vidéos aux appareils électroniques à des fins militaires.

La créativité, l'innovation mais aussi l'esprit d'entreprise furent les arguments avancés par les défenseurs de l'« ère de l'informatique » et évoqués par les gourous du management dont les écrits devinrent véritablement les textes sacrés de cette période. Mais Bill Gates et Paul Allen s'engagèrent sur la voie qui allait faire d'eux des milliardaires, non pas en inventant un nouveau langage de programmation mais en développant un langage existant, le BASIC, utilisé jusqu'alors pour les gros ordinateurs, afin de l'adapter aux micro-ordinateurs. Une fois cette prouesse réalisée, les deux hommes, bénéficiant de la politique de l'entreprise propre aux États-Unis, furent approchés par International Business Machines Corporation (IBM) qui venait de prendre la décision de produire son premier ordinateur personnel, l'IBM PC, et qui, par conséquent, recherchait un système d'exploitation. Et Microsoft développa le système d'exploitation, MS-DOS, qui sera fourni avec les IBM PC.

Le succès rencontré par ce nouvel ordinateur fut tel qu'IBM devint de plus en plus dépendant de Microsoft. Au début des années 1990, Microsoft avait déjà commercialisé plus de 100 millions de logiciels, devançant ainsi tous ses concurrents.

La suprématie de Microsoft fut renforcée par un deuxième système d'exploitation, Windows, destiné aux ordinateurs compatibles PC. Au milieu des années 1990, près de 90 % des ordinateurs personnels dans le monde fonctionnaient grâce à un système d'exploitation Microsoft et la société, cotée en bourse depuis 1986, réalisait sur chaque dollar 25 % de bénéfices. La richesse personnelle de Bill Gates s'éleva à plusieurs dizaines de milliards de dollars, ce qui fit de lui l'homme le plus riche du monde. Bill Gates sut saisir les opportunités de son époque et fit preuve d'une détermination à toute épreuve pour écraser tous ses concurrents commerciaux.

Microsoft devint alors l'illustration de deux vérités au fondement du capitalisme : en tant que système, il repose sur la concurrence pour prospérer ; mais les capitalistes, comme individus, recherchent à atteindre le monopole qui étouffera la concurrence. Depuis la fin du XXe siècle, le Congrès américain était conscient des dangers découlant d'un monopole et nombre de cas furent portés devant les tribunaux, conformément au *Sherman Anti-Trust Act* (1890) destiné à lutter contre les pratiques anticoncurrentielles des entreprises. Bill Gates fut accusé par le ministère de la Justice américain de n'être qu'une personne de plus exerçant un monopole, bien que des enquêtes préalables aient déjà obligé Microsoft à modifier certaines de ses techniques commerciales. En 1998, le gouvernement fédéral déposa une plainte contre Microsoft alors que la société venait de faire son entrée dans le monde d'Internet avec un navigateur Web, Internet Explorer, permettant aux utilisateurs d'explorer le *World Wide Web.* Grâce à un marketing agressif, Microsoft réussit à persuader nombre de fournisseurs d'accès Internet et de fabricants d'ordinateurs de distribuer exclusivement son programme. En 1999, le verdict tomba : Microsoft avait violé le *Sherman Anti-Trust Act* et le juge ordonna la dissolution de société. Microsoft fit appel et, en 2001, la dissolution de la société fut annulée, Microsoft étant toufefois reconnue coupable d'essayer de garder le monopole dans son domaine. La loi américaine venait de rappeler à l'ordre un géant américain.

L'évolution des ordinateurs

Lorsque Monsieur Tout-le-Monde eut accès aux ordinateurs, le concept existait depuis déjà fort longtemps. En 1813, Charles Babbage, un inventeur britannique, conçut la première machine capable de calculer des tables mathématiques grâce à des moyens mécaniques. Mais la science moderne mit du temps avant de développer ce concept d'« intelligence artificielle » à des fins d'applications de masse. Alan Turing, mathématicien britannique, fut le grand pionnier du XXe siècle en la matière en arrivant, grâce à un programme, à décoder le code Enigma utilisé par les services secrets allemands durant la Seconde Guerre mondiale. Par la suite, il conçut un programme pour le Ferranti Mark 1, le premier ordinateur numérique électronique commercialisé dans le monde. Alan Turing était convaincu que le cerveau humain était en fait une machine informatique numérique à l'origine sans aucune organisation mais qui, grâce à l'expérience, avait évolué pour devenir un véritable calculateur. Cette suggestion reposait sur certains mécanismes difficiles à résoudre, ce qui expliqua pourquoi il fallut beaucoup de temps avant que l'informatique en tant que science fasse son entrée dans la vie quotidienne.

Les ordinateurs des années 1950 et 1960, grosses machines encombrantes que l'on trouvait pratiquement exclusivement dans les laboratoires de recherche, étaient aussi éloignés dans leur conception des besoins de la vie quotidienne que l'abaque, système de calcul inventé par les Babyloniens au premier millénaire avant Jésus-Christ.

Dans les années 1950, ce fut en Californie, autour de l'université Stanford, que se regroupèrent les sociétés d'électronique et d'informatique. La Silicon Valley fut la première à prouver que la synergie entre la recherche académique et le développement de l'informatique à des fins professionnelles était possible. La Silicon Valley devint également synonyme d'un nouveau concept de développement économique, de main-d'œuvre et de richesse nationale. Dans les années 1980, les économies occidentales, notamment britannique et américaine, commencèrent à se relever après une période difficile due au déclin de l' « industrie lourde » – charbon, fer et acier – sur laquelle reposait leur économie et qui s'avérait ne plus être rentable. La puissance des syndicats en termes de négociation s'était amoindrie et un nouveau type de travailleur était apparu, avec une formation dans le domaine de la technologie et non syndiqué. L'informatique faisait partie de ce nouveau monde du travail fortement individualisé dans lequel les travailleurs assis à leur poste de travail avaient les yeux rivés sur un écran. Ce changement favorisa également l'apparition d'un travailleur très spécialisé et stéréotypé : un *geek* (cinglé d'informatique), indifférent aux aspects de la vie ne reposant pas sur les systèmes informatiques. Bill Gates était l'un d'eux, comme le montra son discours sur « la magie persistante des logiciels informatiques », même si les associations caritatives qu'il créa confortèrent sa réputation d'homme éprouvant une forte compassion à l'égard de l'humanité.

L'impact commercial de l'ordinateur

L'accès et le développement de l'information, notamment grâce à Internet, devinrent la qualité la plus importante d'une force de travail flexible et ambitieuse. Si cela s'avéra, dans un premier temps, être une réalité pour les sociétés développées, cela eut aussi un fort impact sur les économies émergentes – principalement dans le Sud-Est asiatique dont le « tigre » – la Malaisie – et les « dragons » – Singapour et la Corée du Sud – s'imposèrent dans les années 1980-1990, du fait d'un faible coût de la main-d'œuvre et d'une étonnante vivacité d'esprit. Avec le développement des pays industrialisés du Pacifique, y compris la Chine continentale, l'économie ne fut plus concentrée du côté de l'Atlantique. Les nouvelles économies d'échelle dans le domaine de la production témoignèrent de la rapide dissolution des anciennes hiérarchies dans le monde des affaires. La sécurité de l'emploi traditionnelle aurait pu disparaître mais de nouvelles opportunités se présentèrent alors que les entreprises se concentraient sur leurs compétences fondamentales et externalisaient les autres domaines d'activités pour les confier à des sociétés spécialisées.

La libéralisation économique des années 1980 encouragea également les individus à créer leur propre société, à travailler de chez eux et à faire preuve d'autonomie – dans la mesure où ils possédaient un ordinateur personnel et avaient l'état d'esprit requis.

La majorité des individus continua cependant à travailler pour des entreprises et la notion de société resta une réalité en soi. Mais les attitudes avaient changé et chacun savait que rien n'était définitivement acquis et qu'il lui faudrait passer toute sa vie à apprendre. L'idée selon laquelle le savoir professionnel, une fois maîtrisé, était suffisant pour garantir à vie une carrière et un certain statut social était révolue. L'impact de l'ordinateur associé à des mesures de libéralisation des marchés financiers, notamment le « Big Bang », mesures prises par Margaret Thatcher en 1986, transforma parallèlement les services financiers et les marchés monétaires internationaux, les mouvements de capitaux entre Wall Street, la City et Tokyo s'effectuant désormais en seulement quelques secondes.

Les ordinateurs et le gouvernement

Au sein de cette démocratie nouvellement individualisée, les institutions représentatives traditionnelles semblèrent tout à coup guindées et non adaptées. Après tout, n'étaient-elles pas fondées sur la distance géographique séparant les parlements et l'électorat mais aussi sur la supériorité intellectuelle des représentants élus ? Grâce à l'ordinateur et à Internet, il devint possible d'accéder immédiatement au savoir et ce où que l'on vive. Nombre de personnes commencèrent à considérer les membres des partis politiques comme des hommes et des femmes faisant partie d'une tribu isolée et impuissante. La participation des électeurs dans nombre de scrutins nationaux chuta d'autant. Le pouvoir des gouvernements, déjà nettement réduit en termes de gestion de l'économie, subit également l'influence de la nouvelle technologie. Il y eut des discussions sur la manière dont l'informatique pouvait réformer la « bureaucratie », la rendre moins « lourde » et « mieux adaptée ». Toutefois, la capacité de l'informatique offrit aux gouvernements de nouvelles occasions de montrer leur incompétence dans la mesure où des systèmes coûtant plusieurs milliards tombaient fréquemment en panne, étaient sujets aux erreurs humaines ou s'avéraient être incompatibles avec d'autres systèmes. Des comportements irrationnels apparurent, certains croyant, à tort, que la nouvelle technologie représentait une évolution différente par nature d'autres évolutions similaires du savoir comme, par exemple, l'invention de l'imprimerie au XVe siècle. L'informatique était une technique permettant non pas de changer le savoir mais de l'organiser. Mais l'originalité de cette technique fut son impact dans une économie mondialisée et interconnectée.

L'objectif initial, donner une plus grande liberté aux Hommes grâce à l'informatique, s'estompa peu à peu dans les années 1990 alors qu'il devenait évident que l'informatique pouvait aussi favoriser une nouvelle concentration du pouvoir – ce que montrait l'exemple de Bill Gates. Le libéralisme économique n'était pas l'équivalent du libéralisme politique – comme le prouva la Chine. L'intrusion dans la vie privée résultant de la collecte de données sans le consentement de la personne devint un problème, tout comme le fut la compilation d'informations erronées. Bill Gates avait protégé le produit de sa propre société mais la protection des droits de la propriété intellectuelle devint une véritable difficulté avec la copie et la reproduction des livres, des films et de la musique. Ainsi, le dilemme qui existait jadis à propos des libertés que se disputaient les individus était réapparu alors que la première phase de la révolution informatique tirait à sa fin.

9 novembre 1989

La chute du mur de Berlin

La fin du communisme soviétique

« *M. Gorbatchev, ouvrez cette porte ! M. Gorbatchev, abattez ce mur!* »

Ronald Reagan devant le mur de Berlin, le 12 juin 1987

En août 1961, une barrière de fils barbelés est érigée autour de la partie ouest et démocratique de la ville de Berlin. Le gouvernement communiste de la République démocratique allemande (Allemagne de l'Est) vient de couper la ville en deux parties : Berlin-Ouest et Berlin-Est. Encerclée de grillages et de barbelés, Berlin-Ouest est désormais, et plus que jamais, littéralement enclavée à l'intérieur de la RDA. Et cette barrière va bientôt être renforcée. Entre 1962 et 1965, un second mur de grillages et de barbelés est installé à une centaine de mètres du premier à l'intérieur de Berlin-Ouest, créant un *no man's land* miné où tout individu tentant de s'échapper est exposé à la surveillance et aux tirs des gardes. Entre 1965 et 1975, petit à petit, un mur en béton de 150 km de long est érigé. À cette édification vient s'ajouter entre 1975 et 1980 un autre mur-frontière – construction relativement sophistiquée sur le plan technique avec 20 bunkers et 116 miradors. Sous terre, le réseau de transport n'est pas épargné et les lignes de métro entre les deux parties de la ville sont coupées.

Au total, un peu plus de 200 personnes furent tuées alors qu'elles tentaient de franchir le mur ; 5 000 autres parvinrent quant à elles à le traverser clandestinement. Le mur avait pour vocation non seulement d'arrêter les transfuges mais aussi de mettre fin aux trajets quotidiens des Berlinois de l'Est travaillant dans la partie occidentale de la ville. Ces flux journaliers massifs, qui concernaient 2,5 millions de cadres et ouvriers entre 1949 et 1962, furent ainsi réduits à 5 000 travailleurs entre 1962 et 1989. Le gouvernement est-allemand redoutait en effet l'effondrement de son économie et l'URSS s'empressa d'apporter son soutien au mur – pour des raisons tant économiques que politiques.

Les événements qui conduisirent à la destruction du mur

Un exode massif commence dès la fin de l'été 1989, les Allemands de l'Est étant de plus en plus nombreux à franchir la frontière austro-hongroise, de plus en plus perméable, pour ensuite se rendre en Allemagne de l'Ouest – trajet facilité lorsque le gouvernement hongrois ouvre officiellement la frontière le 10 septembre. Les Allemands de l'Est sont alors des milliers à quitter leur pays. À l'automne 1989, la République démocratique allemande célèbre son 40e anniversaire. Depuis 1971, Erich Honecker, qui a été en charge de la construction du premier mur, est à la tête du pays. Mikhaïl Gorbatchev, le dirigeant soviétique invité pour les célébrations des 6 et 7 octobre, informe son homologue allemand que son pays ne bénéficiera d'aucune aide de la part de l'URSS s'il tente de réprimer les manifestations en faveur de la démocratie qui, depuis le 4 septembre, se sont propagées de Leipzig à toutes les régions d'Allemagne de l'Est. En juin 1989, le gouvernement chinois a mis fin sans ménagement aux mouvements de protestation des étudiants et des intellectuels lors du massacre de la place de Tiananmen à Beijing. Pour Mikhaïl Gorbatchev, il n'est pas question qu'une telle effusion de sang ait lieu en Europe de l'Est.

Le 18 octobre, Erich Honecker est remplacé par Egon Krenz qui ouvre la frontière entre l'Allemagne et la Tchécoslovaquie, les Allemands de l'Est trouvant là une autre voie pour fuir leur pays. Les membres du gouvernement ou *apparatchiks* cèdent à la panique et décident d'autoriser les Berlinois de l'Est à déposer des demandes de visa pour des visites temporaires en Allemagne de l'Ouest. Le 9 novembre, Günter Schabowski, membre du Polit Büro et porte-parole du gouvernement, est chargé d'annoncer ce changement de politique lors d'une conférence de presse organisée en fin d'après-midi et retransmise en direct à la télévision. Mais l'information qui parvient à Schabowski est incomplète : les nouvelles mesures, entérinées dans la journée du 9 novembre, sont prévues pour entrer en vigueur le lendemain, une fois les gardes-frontières informés. Or, la note remise à Schabowski quelques minutes seulement avant qu'il ne prenne la parole, stipule simplement que les habitants de Berlin-Est pourront traverser la frontière dès lors qu'ils en auront l'autorisation. Schabowski lit à l'antenne la note qui, *stricto sensu*, signifie que tous les Allemands de l'Est sont désormais autorisés à se rendre à l'étranger. À 18 h 53, un journaliste demande au porte-parole à quel moment cette nouvelle loi entre en vigueur. Celui-ci répond : « Et bien, autant que je sache, immédiatement. »

La conférence de presse est retransmise à la télévision et des dizaines de milliers de Berlinois de l'Est, apprenant la nouvelle, se précipitent vers les différents *checkpoints* du mur. Les gardes, n'étant absolument pas préparés à ce mouvement de foule, sont rapidement débordés. Seule une unité militaire aurait pu disperser les milliers d'hommes et de femmes mais le gouvernement, conscient de sa fragilité, ne veut surtout pas qu'il y ait de victimes. Les *checkpoints* sont ouverts et la foule se précipite de l'autre côté du mur. Les jours qui suivent, les autorités d'Allemagne de l'Est ouvrent dix autres postes frontières et, le 23 décembre, les Allemands de l'Ouest et de l'Est peuvent passer de l'Est à l'Ouest et *vice versa* sans visa. Le mur restera en place jusqu'au 13 juin 1990, date à laquelle l'armée de la RDA entreprend sa démolition. Sous ses décombres sont ensevelies les dernières séquelles de la Seconde Guerre mondiale.

La fin de la détente

Les dépenses du bloc de l'Ouest dépassèrent de loin celles des signataires du pacte de Varsovie, ces derniers étant en faillite tant financière que morale. Les années 1980 virent ainsi l'avènement d'une nouvelle génération d'armes de guerre : Pershing 2 et missiles Cruise américains d'un côté, SS-20 soviétiques de l'autre. Or, les coûts de développement et de production de ces derniers excédaient largement la capacité économique de l'URSS. L'Initiative de défense stratégique (IDS) annoncée en 1983 fut un programme mis en place pour contrecarrer le développement des missiles soviétiques. Le programme IDS (Guerre des étoiles) eut pour objectif de mettre en place un bouclier spatial dissuasif, le président Ronald Reagan proposant d'élaborer un système de défense contre les missiles balistiques intercontinentaux. Or, depuis des années, les États-Unis et l'URSS avaient du mal à coexister. Dans les années 1970, le chancelier d'Allemagne de l'Ouest Willy Brandt décida de mettre en place une *Ostpolitik* ou « politique vers l'Est » visant à améliorer les relations diplomatiques entre la République fédérale et ses voisins communistes. Mais les tensions réapparaissent régulièrement, comme après les mesures de répression à l'encontre de la Tchécoslovaquie en 1968, l'invasion par les Soviétiques de l'Afghanistan en 1979 et l'imposition d'une loi militaire en Pologne en 1981.

Les partisans de la force de dissuasion pouvaient mettre en avant 40 années de paix en Europe et établir un lien entre la paix et le vaste programme de dépenses militaires. Les sceptiques, quant à eux, mirent en doute le fait que la Russie soviétique soit résolue à une domination paneuropéenne et rappelèrent la politique étrangère de la Russie de l'entre-deux-guerres. La défaite lors de la guerre russo-polonaise (1919-1920) avait empêché les dirigeants bolcheviques d'étendre l'influence de la Russie au-delà de ses frontières à l'ouest et de profiter de l'effervescence socialiste qui avait enflammé l'Allemagne et la Hongrie en 1919. « Le socialisme dans un seul pays », politique qu'adopta par la suite l'URSS, revint à reconnaître que l'exportation d'un communisme révolutionnaire en tant que credo internationaliste était au-dessus des capacités des Soviétiques qui devaient plutôt se concentrer sur le développement de leur propre économie. Ce pragmatisme évident facilita la reconnaissance de l'URSS sur le plan diplomatique et sa coexistence avec d'autres puissances au sein d'une structure de relations internationales. La victoire des Alliés en 1945, cependant, réveilla une suspicion occidentale et démocratique à propos des véritables objectifs à long terme de l'URSS, ses nouveaux États satellites en Europe centrale et en Europe de l'Est constituant une zone tampon impériale conséquente et une très vaste zone d'influence.

Les optimistes, et quelques cyniques, laissèrent entendre que les deux systèmes « convergeraient » et que « les faucons apprendraient à devenir des colombes ». Mais les sociétés d'Europe orientale, économiquement faibles, étaient gouvernées par des *apparatchiks* inflexibles qui n'avaient pas de raison de renoncer à leur fonctionnement autocratique. Les libéraux et les défenseurs des Droits de l'Homme pointèrent du doigt la répression des anticommunistes dans les pays signataires du pacte de Varsovie. L'époque était donc propice à ceux qui voulaient mener une longue carrière en tant que négociateurs du désarmement : les négociations durèrent plusieurs décennies et rares furent celles qui aboutirent.

Sur le plan diplomatique, la détente – le relâchement d'une tension internationale – donna lieu à la Conférence sur la sécurité et la coopération en Europe (CSCE) ou « processus d'Helsinki » dont les négociations durèrent de 1973 à 1975. La CSCE reconnut la suprématie soviétique en Europe de l'Est et chercha à préserver et renforcer la sécurité en confirmant les frontières de l'Europe. La Pologne et la Tchécoslovaquie prirent particulièrement à cœur la garantie de la sécurité des personnes et notamment la protection des Droits de l'Homme. Karol Wojtyla, l'archevêque de Varsovie qui fut élu pape en 1978, joua un rôle essentiel contre le totalitarisme en insistant notamment sur le fait que la division de l'Europe perturbait une unité intellectuelle et spirituelle historique. Mais plus cette division durerait, plus on serait tenté de la justifier – notamment les générations d'après-guerre. Le pape Jean-Paul II, Margareth Thatcher et Ronald Reagan furent tous les trois façonnés par la Seconde Guerre mondiale. Pour eux, le communisme était un mode de gouvernement anormal. Le climat moral qu'ils instaurèrent s'avéra un puissant solvant du communisme et dénonçait les dysfonctionnements du système économique soviétique – système, selon eux, dans lequel un gouvernement prétendait pouvoir payer des employés qui, quant à eux, prétendaient travailler…

La chute du communisme

Le premier signe d'un véritable changement fut perceptible en décembre 1987 lors du sommet américano-soviétique de Reykjavik (Islande) dont l'objectif était de définir les termes d'un traité portant sur la diminution des forces nucléaires à portée intermédiaire. À la surprise générale, Mikhaïl Gorbatchev proposa de diminuer de moitié toutes les armes nucléaires. Ronald Reagan refusa la proposition, ce qu'il regretta ensuite. Mikhaïl Gorbatchev, dont la nomination au poste de secrétaire général du Parti communiste de l'Union soviétique avait été assurée par les arrangements internes habituels, apparut comme une nouvelle version de l'Homme soviétique. Plus qu'un démocrate, Mikhaïl Gorbatchev fut un communiste réformateur. Il fut à l'origine de réformes économiques et sociales connues sous le nom de *Perestroika* (« reconstruction ») ayant pour but de sauver le système communiste. Selon lui, la réduction du budget consacré à l'armement aiderait l'URSS à survivre. Mais la méthode prônée donna lieu à des contradictions internes et Mikhaïl Gorbatchev découvrit que la réforme ne faisait qu'aggraver la crise économique. Il s'attela alors à une autre réforme portant cette fois sur la liberté d'expression et la communication d'informations appelée *Glasnost* (« transparence ») mais cette politique échoua elle aussi.

Les événements de 1989 en Europe centrale et en Europe de l'Est entraînèrent la chute d'un empire. La Pologne fut la première touchée. Le 4 juin, une élection nationale conduisit à la formation d'un gouvernement de coalition dirigé par des représentants du mouvement dissident, *Solidarnosc* (Solidarité). Le 23 août, deux millions de Baltes formèrent une chaîne humaine sur 560 kilomètres réclamant l'indépendance des États baltes, membres de l'URSS depuis 1939. Le 23 octobre, la Hongrie s'autoproclama république démocratique. La Tchécoslovaquie et la Bulgarie furent dirigées par un gouvernement communiste respectivement jusqu'en novembre 1989 et janvier 1990. Le 25 décembre 1989, un tribunal militaire condamna à mort le dirigeant roumain, Nicolae Ceausescu, et sa femme Elena, impliquée autant que lui dans les organisations criminelles. Tous deux furent fusillés le jour même. Le 5 décembre, Erich Honeker fut arrêté et incarcéré. Des élections libres eurent lieu en Allemagne de l'Est en mars 1990, élections qui conduisirent à la réunification de l'Allemagne en octobre.

Mais l'émergence de la Serbie après la dissolution de la Yougoslavie déboucha sur un véritable génocide, l'ancien gouvernement communiste du pays encourageant la montée du nationalisme serbe. Au début des années 1990, les guerres se succédèrent dans les Balkans, les Serbes massacrèrent des milliers de Bosniaques musulmans et de Croates catholiques. Mikhaïl Gorbatchev devint une victime du processus qu'il avait involontairement déclenché. Le coup d'État du 19 août 1991 tenta d'arrêter la dissolution de l'URSS. Mikhaïl Gorbatchev fut détenu par des conspirateurs qui finirent par le relâcher. En décembre 1991, son autorité étant considérablement amoindrie, il démissionna de son poste de président de l'URSS – poste qu'il occupait depuis 1989. L'Union cessa d'exister. Quatre jours plus tôt, les anciennes républiques de l'URSS avaient créé la Communauté des États indépendants (CEI) constituée de 11 États dont la Fédération russe. Les ex-États communistes tentèrent alors de devenir des États capitalistes. La Pologne, la Hongrie et les pays baltes y parvinrent alors que la Russie, privée de son empire, chancela. Et le mur de Berlin, dont il ne reste plus que des morceaux fragmentés que s'arrachent les touristes, ne survit que dans la mémoire européenne.

11 février 1990

Nelson Mandela retrouve la liberté

La fin de l'apartheid

« *De l'expérience d'un désastre humain inouï […] doit naître une société dont toute l'humanité sera fière.* »

Discours d'investiture à la présidence de l'Afrique du Sud de Nelson Mandela, le 10 mai 1994

Nelson Mandela passe les 14 derniers mois de ses 27 longues années de captivité à la prison Victor Verser, située dans la vallée du fleuve Dwars au nord-est du Cap. C'est dans une maison qui lui a été attribuée au sein même de la prison qu'il reçoit ses visiteurs et qu'il négocie les termes de sa libération. Jack Swart, son gardien et cuisinier, ainsi que tous les surveillants de la prison l'appellent désormais : « Monsieur Mandela » – on est bien loin de la coercition implacable que Nelson Mandela connut sur l'île-prison de Robben Island où il fut incarcéré en 1964 et où, du matin au soir, les prisonniers travaillaient sans relâche dans une carrière de calcaire. Mais les chaînes qui l'emprisonnent ont fini par couvrir de honte les ravisseurs de Nelson Mandela et lui ont, paradoxalement, ouvert la voie vers la liberté.

C'est un week-end particulièrement chargé qui commence dès le vendredi, avec la visite du président Frederick de Klerk qui, un an plus tôt, succéda à Pieter Botha. Sachant la libération de Nelson Mandela imminente, Jack Swart quitte la prison après sa journée de travail en se disant qu'il ne le reverra plus. Mais le lendemain, lorsqu'il reprend le travail, le prisonnier est encore là : « Vous ne deviez pas partir ? » demande le gardien. « Ils me libéreront de la manière dont je veux être relâché, pas de la manière dont ils veulent me relâcher », répond Nelson Mandela. Après six heures de négociation, Nelson Mandela obtient enfin ce qu'il veut du président de Klerk. L'interdiction qui frappe depuis 30 ans le Congrès national africain (African National Congress, ANC) a été levée quelques jours plus tôt et le prisonnier tient à ce que sa libération soit suivie par les caméras du monde entier. Cinq ans plus tôt, Pieter Botha lui a proposé de le libérer à la condition qu'il accepte de renoncer à la lutte menée par l'ANC, ce qu'avait refusé Nelson Mandela : « Tant que mon peuple ne sera pas libre, je ne pourrai pas être libre. » Jusqu'à la fin de sa condamnation, Nelson Mandela restera maître de son destin.

Le dimanche, comme tous les jours, Mandela prend son petit-déjeuner en lisant les articles politiques parus dans la presse. L'ancien avocat agit toujours avec méthode. Après le déjeuner, il s'allonge dans la vaste chambre qu'il occupe durant les mois d'été mais ce jour-là il a bien du mal à se reposer du fait de la valse des hélicoptères au-dessus de la prison et de la poussière qu'ils soulèvent. L'arrivée de membres de l'ANC est le signal du départ. Nelson, main dans la main avec sa femme, Winnie, descend le chemin bordé de buissons qui mène aux portes de la prison. Dehors, des milliers de partisans l'attendent. C'est alors que Nelson Mandela lève son poing droit en signe de salut. C'est ce geste qui a marqué toute une génération d'activistes noirs. « Cela faisait 27 ans que je n'avais pas pu faire ce geste », écrira plus tard Nelson Mandela « et lever le point m'a redonné de la force et a fait naître en moi un sentiment de joie ».

Nelson Mandela est ensuite conduit au Cap. Après avoir défilé dans les rues, il doit prendre la parole. Mais dans l'effervescence du moment, il a laissé à la prison le discours qu'il avait préparé.

Jack Swart s'en est aperçu et se demande comment Mandela va faire. Mais il s'inquiète à tort car les membres de l'ANC en ont une copie qu'ils ont prise lors de l'une de leurs visites dans la vallée de Dwars, région boisée colonisée trois siècles plus tôt par d'autres hommes attachés à leur liberté de conscience – les protestants huguenots français, envoyés en exil par les catholiques.

L'histoire de la ségrégation en Afrique du Sud

En 1910, la colonie du Cap, le Natal, la région du Transvaal et l'État libre d'Orange se regroupèrent pour former l'Union d'Afrique du Sud, dominion bénéficiant d'une indépendance de fait au sein de l'Empire britannique. Les fermiers et les colons afrikaners, appelés autrefois les Boers, avaient déjà livré bataille contre la Grande-Bretagne entre 1899 et 1902. Leur autodétermination nationale s'exprimait à travers leur langue, l'afrikaans, dérivé du néerlandais, qui prédominait dans le pays. À la même époque, l'Église réformée hollandaise d'Afrique du Sud rassura les calvinistes en affirmant que Dieu, d'une certaine façon, soutenait les intentions des Afrikaners.

En 1914, les généraux afrikaners se rebellèrent avec leurs troupes à l'annonce de la décision de la Grande-Bretagne de voir l'Afrique du Sud, alliée de l'Empire britannique, attaquer le Sud-Ouest africain, colonie allemande qui deviendra la Namibie. Cette résistance, qui fut réprimée, préfigura pourtant la suprématie afrikaner dont l'expression politique fut le Parti national fondé en 1914. La ségrégation raciale se propagea peu à peu sur les lieux de travail, dans les écoles et les hôpitaux. L'économie reposait sur l'exploitation des mines d'or et la législation portant sur les différences raciales fut, dans un premier temps, destinée à soutenir la structure des réserves minières et la main-d'œuvre composée de migrants sur lesquelles reposait l'industrie. Ainsi, face au bouleversement économique lié à l'urbanisation d'une société traditionnelle et rurale, les « pauvres Blancs », majoritairement des Afrikaners, virent dans la ségrégation un moyen de protéger leurs emplois. Parallèlement, les nationalistes afrikaners essayèrent d'élever le statut social des plus pauvres au niveau du statut de l'élite blanche parlant anglais.

Après l'élection du Parti national en 1948, l'apartheid, signifiant « séparation », fut instauré en toute connaissance de cause. Les mariages mixtes devinrent illégaux. Dans les transports, au cinéma, sur les plages et dans les bains publics, les individus étaient séparés selon leur race. Les Noirs n'avaient jamais eu le droit de vote, à la différence des métis qui virent leurs noms retirés des listes électorales dès 1956. Dans les villes, certains quartiers étaient réservés aux Blancs et d'autres aux Noirs. *Idem* pour les emplois. Tous les individus entrèrent dans une catégorie en fonction de leur race et faire appliquer la loi nécessita la mise en place d'une bureaucratie lourde et coûteuse. Mais l'administration campa sur ses positions. Lorsqu'en 1952, la Cour suprême déclara un amendement anticonstitutionnel, le Parlement fit appel et eut gain de cause. La décolonisation qui touchait le continent fut totalement ignorée en Afrique du Sud et l'exemple le plus frappant de l'isolationnisme qui s'ensuivit fut l'interdiction de laisser entrer les télévisions étrangères dans le pays – politique qui perdura jusque dans le milieu des années 1970. En 1961, L'Afrique du Sud devint une république et sortit du Commonwealth britannique.

La politique de l'habitat illustra parfaitement l'image que le gouvernement se faisait des Africains, considérés avant tout comme des individus appartenant à des tribus. Les personnes qui ne travaillaient pas pour des Blancs vivaient dans des « réserves » dirigées par des chefs complaisants. Entre 1976 et 1981, ces réserves furent regroupées pour former quatre territoires dont l'« indépendance » par rapport au gouvernement de Pretoria fut purement fictive et non reconnue par les autres pays. La loi sur les laissez-passer interdisait aux Africains de séjourner plus de 72 heures en ville, hormis s'ils travaillaient pour des Blancs. C'est ainsi que plus de trois millions et demi d'Africains se retrouvèrent parqués dans des réserves.

L'opposition à l'apartheid

Dans les années 1950, Johannesbourg fut le théâtre de nombreuses émeutes, même si les émeutiers étaient jetés en prison sans avoir au préalable été jugés. En 1950, une loi absurde, baptisée *Suppression of Communism Act*, interdisit le parti communiste africain et alla jusqu'à considérer toutes les manifestations comme des mouvements communistes. Le 21 mars 1960, 20 000 noirs se rassemblèrent devant le commissariat de Sharpeville dans la banlieue de Johannesbourg pour manifester contre la loi sur les laissez-passer. La police fit feu, tuant 72 manifestants et en blessant 146 autres. Dans les jours qui suivirent, l'ANC fut interdit. Le massacre de Sharpeville marqua le début d'un mouvement organisé contre l'apartheid. Ce fut lors d'une manifestation en juin 1964 que Nelson Mandela fut arrêté et condamné à l'emprisonnement à perpétuité pour espionnage et subversion après qu'il ait renoncé à la résistance non violente qu'il menait sans succès depuis des années. Walter Sisulu, grand mentor au sein de l'ANC, fut également condamné à un emprisonnement à perpétuité. Il fut libéré en octobre 1989.

Après le carnage de Soweto en juin 1976, l'indignation des gouvernements et de l'opinion publique mondiale atteignit son comble. 176 personnes avaient perdu la vie et plus de 1 000 manifestants avaient été blessés alors qu'ils protestaient contre l'imposition d'un enseignement dispensé exclusivement en afrikaans. En septembre 1977, le décès soudain et inexpliqué de l'activiste noir Steve Biko, alors en détention provisoire, déboucha sur la condamnation du régime sud-africain par la communauté internationale. Sur le plan de la politique intérieure, la position de l'Afrique du Sud devint critique suite au long et onéreux combat mené pour mettre fin à l'indépendance de sa colonie, la Namibie, qui bénéficia du soutien des troupes cubaines et angolaises. Le retrait des soldats sud-africains de la Namibie en 1988 annonça la chute du régime. Les sanctions des Nations unies eurent également un effet sur l'économie, l'opposition des chrétiens africains se manifesta vigoureusement et la morale commença à influer sur les marchés monétaires. En juillet 1985, la Chase Manhattan Bank de New York demanda à ce que le gouvernement sud-africain lui rembourse un prêt se montant à 500 millions de dollars. D'autres banques firent de même et se désengagèrent de l'Afrique du Sud.

Dans les années 1980, Pieter Botha, autoritaire et méprisant, campa sur ses positions malgré les avertissements de la communauté internationale. En juillet 1985, il déclara l'état d'urgence mais la situation économique et démographique était contre lui. La politique de l'apartheid ne pouvait plus se maintenir, les Blancs n'étant pas suffisamment nombreux pour occuper tous les emplois qui leur étaient réservés. Parallèlement, en 1986, la loi sur les laissez-passer fut abrogée et les Noirs quittèrent les régions rurales pour s'installer dans les villes. L'effondrement de l'Afrique du Sud, tout comme l'effondrement de l'URSS, fut le reflet politique d'un cuisant échec économique.

L'émergence d'une nouvelle Afrique du Sud

Il fallut quatre années à l'Afrique du Sud pour passer de l'apartheid à une démocratie multiraciale. Durant cette période, une administration fondée sur le partage du pouvoir fut mise en place. En 1992, un référendum réservé aux Blancs mit fin à l'apartheid, avec une confortable majorité. Les sanctions internationales furent levées en 1993 et l'ANC remporta les élections nationales de 1994. Nelson Mandela fut élu président, un poste qu'il occupa de 1994 à 1999, avec aisance. N'était-il pas après tout le fils d'un chef thembu, ce qui lui avait valu d'être élevé au sein d'une famille royale dans une région à l'est du Cap ? L'Afrique du Sud retrouva sa place de membre du Commonwealth et Mandela s'avéra être un fervent partisan de la reine d'Angleterre. Nelson Mandela instaura un gouvernement regroupant des représentants de différents groupes ethniques et, en 1995, mit en place la commission « Vérité et Réconciliation », menant des enquêtes dès lors que les droits de l'Homme avaient été bafoués. Pieter Botha refusa de témoigner.

Mais construire un État dans une nation qui ne partageait pas une histoire commune fut extrêmement difficile. Les conflits au travail et la violence criminelle devinrent le lot quotidien. La solidarité entre les Noirs souffrit de la position du Parti Inkhata de la liberté (IFP), qui défendit principalement les intérêts de la tribu zouloue et fut à l'origine de violents conflits – notamment dans le Natal – entre les Zoulous pro-ANC et les Zoulous pro-IFP. L'instabilité politique dissuada les investisseurs étrangers bien que l'ANC, peu à peu, avait abandonné ses convictions socialistes. L'Afrique du Sud continua à vivre à l'écart du monde et à subir les divisions qui furent à l'origine même de l'apartheid.

Nelson Mandela fut le personnage le plus important du mouvement qui, à la fin du XXe siècle, prôna une société multiraciale – une évolution qui favorisa la mise en place de liens nouveaux entre l'Europe et l'Afrique alors que les décolonisés migraient vers le nord. La législation contre la discrimination raciale avait donné lieu à une plus grande tolérance au sein des sociétés européennes et avait montré comment les lois pouvaient avoir une influence bénéfique sur la conduite des hommes. Même si nombre de préjugés raciaux persistèrent, un climat du « politiquement correct », destiné à sensibiliser l'opinion aux cultures jadis marginalisées, se propagea des universités américaines au reste du monde occidental, afin de parvenir à une meilleure compréhension des différents contextes culturels, grâce à laquelle l'esprit humain pouvait s'épanouir. Cela conduisit à nombre de réponses narquoises, notamment lorsque l'écrivain américain Saul Bellow demanda : « Qui est le Proust des Papous ? Qui est le Tolstoï des Tahitiens? » Mais la fin de la croyance en la supériorité blanche eut pour conséquence un empressement à l'empathie, fait nouveau dans la culture occidentale. La compassion pour la race humaine souleva la question de savoir si les sociétés occidentales avaient raison d'imposer leur propre interprétation de la raison et du progrès, y compris au sein de leurs propres territoires.

11 septembre 2001

Les attentats du 11 septembre

La destruction du World Trade Center

« Nous ne laissons pas la peur guider nos décisions. Nous choisissons de vivre en liberté. »

Déclaration de Rudolph Giuliani, maire de New York,
lors de l'assemblée générale des Nations unies
à New York le 1er octobre 2001

Le matin du 11 septembre 2001, 19 hommes affiliés au réseau terroriste islamiste Al-Qaida prennent le contrôle de quatre avions de ligne américains transportant des passagers. Deux des avions assurant la liaison entre Boston et Los Angeles percutent les tours nord et sud du World Trade Center à New York respectivement à 8 h 46 et 9 h 03. Les réservoirs sont pleins de kérosène et les deux avions se transforment immédiatement en bombes incendiaires. Les deux tours de 110 étages prennent feu et s'écroulent tels des châteaux de cartes. Le troisième avion, parti de Washington et à destination de Los Angeles, est détourné. Il s'écrase sur l'aile sud du Pentagone à Arlington dans l'État de Virginie à 9 h 40. Le quatrième avion faisant la liaison entre le New Jersey et San Francisco aurait dû s'écraser sur le Capitole à Washington mais les passagers résistent à l'assaut des terroristes. L'avion s'écrase dans un champ au sud-ouest de la Pennsylvanie à 10 h 03. Près de 3 000 personnes, dont environ 2 750 vivant ou travaillant à Manhattan, sont tuées. Plus de 1 000 corps ne seront jamais identifiés.

Une fumée noire s'élève au-dessus de la ville la plus cosmopolite du monde. La scène décrit dans toute son horreur la vulnérabilité des innocents face à la barbarie. Mais si l'ampleur de cette violence est inédite, la sauvagerie qui a motivé les quatre attentats a déjà sévi. En cette fin d'après-midi du 11 septembre 2001, dans un camp d'entraînement d'Al-Qaida situé à l'est de l'Afghanistan, des terroristes acclament 19 des leurs, morts en martyrs.

Les origines du complot

En juillet 2004, après l'enquête sur les atrocités de 2001, un rapport de la Commission américaine révéla le nom du chef opérationnel des attentats : Khalid Cheikh Mohammed. Le terroriste d'origine pakistanaise avait fait une partie de ses études d'ingénieur en mécanique en Caroline du Nord. Il avait combattu aux côtés des rebelles afghans soutenus par les Américains lors de la guerre (1979-1989) qui fit suite à l'invasion de l'Afghanistan par les forces soviétiques. C'est la politique pro-israélienne menée par les Américains qui poussa Khalid Cheikh Mohammed à organiser et financer l'attentat perpétré par Al-Qaida au World Trade Center en 1993. Son neveu Ramzi Youssef fit éclater une bombe dans le parking souterrain de la tour nord. Six personnes furent tuées et plus de mille furent blessées. Jusqu'à son arrestation au Pakistan en mars 2003 par les services secrets locaux, Khalid Cheikh Mohammed fut un personnage clé au sein du réseau international des organisations islamistes pour lesquelles les crimes perpétrés contre les civils ne sont qu'une juste interprétation du *jihad* (« combat »). En 1995, il rencontra les membres actifs du réseau au Brésil, au Soudan, au Yémen et en Malaisie avant de se rendre dans la région de Tora Bora à l'est de l'Afghanistan où Al-Qaida (« la base ») était sous la protection du gouvernement islamique aux mains des Talibans.

C'est au cours de l'été 1996 que Khalid Cheikh Mohammed présenta au leader de l'organisation, Oussama ben Laden (1957-2011), le plan qui se concrétisa le 11 septembre 2001. Les bombes qui, le 7 août 1998, détruisirent en grande partie les ambassades américaines de Nairobi et de Dar es Salam, faisant 220 morts et plus de 4 000 blessés, réussirent à convaincre Khalid Cheikh

Mohammed que le groupe était désormais prêt à intervenir sur le territoire américain. Il devint alors l'un des plus hauts responsables de l'organisation terroriste.

Le 12 octobre 2000, l'attaque du destroyer américain *USS Cole*, qui fit 17 morts et 39 blessés, fit prendre conscience aux États-Unis que les attentats organisés par Al-Qaida n'étaient plus comme par le passé des opérations hasardeuses perpétrées dans une région donnée mais des opérations parfaitement coordonnées pouvant avoir lieu dans n'importe quelle partie du monde. La CIA eut, néanmoins, du mal à comprendre le fonctionnement de cette organisation qui vit le jour à la fin des années 1980 ainsi que ses objectifs à long terme. Dans un document filmé et diffusé sur toutes les chaînes du monde à l'automne 2004, un homme disant être Oussama ben Laden affirmait que l'idée de l'attentat du 11 septembre lui serait venue à l'esprit après qu'il a vu, tout au long de l'automne 1982, les « tours détruites au Liban » durant les bombardements israéliens qui forcèrent l'OLP (Organisation de libération de la Palestine) à quitter le sud du pays. Pour Oussama ben Laden, « le tyran doit subir le même sort. Des tours seront donc détruites aux États-Unis afin que les Américains ressentent ce que nous avons ressenti [...]».

Issu d'une famille d'Arabie Saoudite très fortunée, Oussama ben Laden incarna le fait que l'intégrisme islamiste et la rage arabe n'étaient plus l'expression exclusive des pauvres et des marginaux. Mohammed Atta, le pilote égyptien de l'avion qui percuta la première tour du World Trade Center, appartenait lui aussi à un milieu favorisé. Fils d'un avocat, il avait poursuivi des études d'architecture à l'université du Caire. Spécialisé en urbanisme, il portait sur les gratte-ciel un regard critique, ces bâtiments gigantesques ayant, selon lui, ruiné le centre de l'ancienne ville d'Alep. Au milieu des années 1990, il soutint une thèse à l'université technique de Hambourg dont le sujet était le conflit entre la modernité et la civilisation arabe. Ce ressentiment contre une modernité considérée comme aliénante se propagea dans tout le Moyen-Orient et au-delà.

La montée de l'intégrisme religieux

L'intégrisme religieux apparu à la fin du XXe siècle fut sous-estimé, notamment en Europe, là où la laïcisation était la plus marquée et l'intégrisme le moins virulent. Le soutien politique d'une « coalition chrétienne » évangéliste opposée au multiculturalisme contribua à l'élection d'un président « évangéliste », George W. Bush, en 2000. Le judaïsme orthodoxe, rejetant les traditions libérales et réformées de la religion, prit le parti du Likoud, parti politique israélien, et s'opposa à toutes les concessions portant sur la question des frontières nationales.

Les intégristes islamistes remportèrent leur premier grand succès en 1979 lors de la chute du chah d'Iran et le retour à Téhéran de l'ayatollah Khomeini, après un exil de quatorze années. La *charia,* la loi islamique, fut imposée par le gouvernement théocratique iranien. L'interprétation au pied de la lettre des textes sacrés, qu'il s'agisse de la Bible, des textes hindous ou du Coran, ainsi que les émotions ressenties par le peuple et le sens de camaraderie exprimé à travers les rituels favorisèrent toutes les formes d'intégrisme. La peur du changement poussa le mouvement à s'opposer à la laïcité moderne, à l'émancipation sexuelle et à l'individualisme tout en condamnant, par ailleurs, les chefs religieux en place pour avoir trahi « la vérité ». Si les intégristes n'étaient pas tous des ignorants, invariablement, l'intégrisme tenta de recréer une religion idéalisée, grandement imaginaire, universelle et impossible à remettre en question. L'objectif d'Oussama ben Laden était de restaurer le califat en place au Moyen Âge qui, selon lui, était la seule manière de rétablir l'unité au Moyen-Orient. Pour atteindre cet objectif, il n'hésita pas à donner aux politiques intégristes une tournure effroyablement inédite.

La guerre contre le terrorisme

Les bases militaires américaines situées en Arabie saoudite suscitèrent la colère d'Al-Qaida et furent condamnées par Oussama ben Laden dans une *fatwa* émise en 1998 contre l'Amérique. Les Américains avaient établi ces bases militaires en Arabie saoudite lors de la première guerre du Golfe en 1990-1991, alors que la coalition menée par les États-Unis avait contraint les troupes de Saddam Hussein à quitter le Koweït – l'invasion irakienne ayant, dans un premier temps, été condamnée par Oussama ben Laden. Les villes de La Mecque et de Médine étant sur le territoire saoudien, les bases américaines furent immédiatement considérées par les musulmans comme une violation de leur terre sainte. Les gouvernements américains, aux yeux d'Oussama ben Laden, soutenaient les régimes décadents du Moyen-Orient qui bafouaient les droits de leur propre peuple. En 2001, un grand nombre de politiciens en place à Washington étaient, comble de l'ironie, en parfait accord avec Oussama ben Laden sur ce point.

Les attentats du 11 Septembre renforcèrent la position de ces « néoconservateurs » au sein du gouvernement américain qui pensaient que le Moyen-Orient ne serait jamais en paix tant que des gouvernements antidémocratiques seraient au pouvoir. Seule la démocratisation pouvait mettre fin à l'instabilité dans cette partie du monde et les Américains étaient prêts à faire appel à la force militaire pour l'imposer. Le 29 janvier 2002, dans cette optique, le président George W. Bush évoqua l' « axe du mal » constitué par l'Irak, l'Iran et la Corée du Nord, pays décidés à déstabiliser l'ordre démocratique en ayant recours à la violence. La politique étrangère du gouvernement américain était désormais au moins en accord avec ses valeurs démocratiques. Le soutien des gouvernements précédents apporté aux régimes délibérément anticommunistes mais manifestement despotiques fut rejeté. Cependant, la « guerre déclarée au terrorisme » se propagea dans le monde entier, tandis que ses détracteurs pensaient que l'objectif de la sécurité américaine garanti par une démocratie universelle était utopique et laissait présager un conflit interminable.

Fin 2001, l'attaque de l'Afghanistan par les Américains chassa Al-Qaida de ses bases et les talibans du pouvoir, instaurant une fragile démocratie afghane. Les représailles contre Al-Qaida passèrent alors au second plan, après le conflit avec l'Irak présidée par Saddam Hussein, despote tyrannique, qui avait déclenché l'un des conflits les plus sanglants du siècle avec la guerre Iran-Irak (1980-1990) et qui était resté au pouvoir malgré sa défaite lors de la première guerre du Golfe. Tant les États-Unis que la Grande-Bretagne étaient convaincus que Saddam Hussein était capable de fournir des armes chimiques et biologiques aux groupes terroristes. Bien que l'inspection par l'ONU des installations en Irak n'ait pas révélé d'armes de destruction massive (ADM) en 2003, certains obstacles opposés à l'ONU par le dirigeant irakien confortèrent les États-Unis dans leurs soupçons.

Tony Blair, alors Premier ministre de la Grande-Bretagne, réussit à convaincre les États-Unis qu'idéalement le Conseil de sécurité des Nations unies devait prendre une résolution permettant l'invasion de l'Irak. Mais l'objectif explicite des États-Unis d'un « changement de régime » enfreignait la charte des Nations unies ainsi qu'une large partie de la législation internationale et aucune résolution ne vit jamais le jour. La Grande-Bretagne justifia sa participation dans la seconde guerre du Golfe en s'appuyant sur l'imminence d'une attaque irakienne. Le gouvernement britannique affirmait qu'il ne fallait que 45 minutes à l'Irak pour lâcher des armes de destruction massive suite à un ordre – idée fausse propagée par des services secrets britanniques exaltés. En effet, aucune arme de ce type ne fut jamais trouvée en Irak.

Le gouvernement et l'armée de Saddam Hussein furent facilement vaincus et, suite à un gouvernement par intérim sous le commandement des Américains et des Nations unies, un gouvernement démocratique fut élu. Le fait que la Libye renonce aux ADM et aux armes nucléaires en 2003 et que des troupes syriennes se retirent du Liban en 2005 sembla justifier la politique américano-britannique. Mais l'insurrection irakienne, attaquant les forces d'occupation, attesta d'un conflit intense entre les chiites majoritaires et les musulmans sunnites minoritaires dont les membres constituaient l'élite dirigeante de Saddam Hussein. Pendant ce temps, les gouvernements britannique et américain introduisirent une législation qui restreignit les libertés civiles dans leur propre pays afin de poursuivre les campagnes menées contre les organisations suspectées de semer la terreur.

Lorsqu'en 2004, il fut prouvé que les Américains avaient torturé des prisonniers irakiens dans la prison d'Abou Ghraib, le pouvoir moral des États-Unis fut amoindri, alors que le fanatisme islamiste continuait à semer la terreur et à détruire. Les bombes qui explosèrent dans les transports publics à Madrid le 11 mars 2004 et à Londres le 7 juillet 2005 furent ni plus ni moins que des représailles à l'encontre des pays dont les gouvernements avaient soutenu l'invasion irakienne. Aux États-Unis, les républicains traditionnels se plaignirent du fardeau financier de la politique menée par le gouvernement et soulevèrent la question de la pertinence d'une guerre contre le terrorisme par rapport aux intérêts nationaux. Toutefois, du côté de la Grande-Bretagne, un nouveau gouvernement travailliste assurait une fois de plus leurs alliés américains du soutien britannique.

En septembre 2005, la bande de Gaza et certaines parties de la Cisjordanie passèrent sous le contrôle des Palestiniens après le retrait des troupes israéliennes, mais les élections démocratiques de 2006 dans les territoires palestiniens placèrent à la tête du gouvernement le Hamas, qui avoue de lui-même être une organisation terroriste. Les puissances du Moyen-Orient, collectivement et unanimement opposées aux politiques adoptées par le gouvernement américain en réponse aux attentats du 11 septembre, étaient désormais plus unies que jamais dans toute l'histoire moderne. Nul ne peut dire si cette unité était le résultat escompté par Al-Qaida lorsque l'organisation mit au point sa stratégie et planifia l'horreur qui déferla sur nombre d'innocents en ce matin du 11 septembre 2001.

INDEX

Le chapitre 28 « L'abolition de l'esclavage » a été écrit par Aurélien Fayet.

Remerciements à Guy Chouraqui pour ses conseils scientifiques pour la traduction des chapitres 19 et 34.

L'édition originale de cet ouvrage a été publiée par les éditions Quercus en 2006 et a fait l'objet d'une édition révisée en 2008.

ISBN 978-2-10-056624-2

CRÉDITS ILLUSTRATIONS

5: ancient Greek seal (early 5th c. BC) representing a Greek warship (Werner Forman Archive/British Museum); 10: 'Death of Julius Caesar' by Vincenzo Camuccini (1773–1844) (Scala, Florence, courtesy of the Ministero Beni e Att. Culturali); 15: detail of Verdun altar by Nicholas of Verdun (late 12th c.), Klosterneuburg, Austria (Pascal Deloche/Godong/Corbis); 20: 'The Emblem of Christ Appearing to Constantine', 1622, by Peter Paul Rubens (Burstein Collection/Corbis); 25: Trajan's Column, Rome, 2nd c. AD, showing barbarians inside a fort (Ronald Sheridan/Ancient Art & Architecture Collection); 30: the mosques at Medina and Mecca, from 'Reasons for Charity' by Mustafa Al-Shukri, 1160 (Fitzwilliam Museum/Bridgeman Art Library); 35: manuscript illumination, from 'Grandes Chroniques de France' c. 1460, of Charles Martel at the Battle of Tours (Bibliothèque Nationale de France/© AISA); 40: manuscript illumination from the 'Chronique des Empereurs', 1462, by David Aubert (Scala, Florence); 45: 'Urban II Preaching the Crusade at Clermont in the Presence of King Philippe I of France', from 'Les Grandes Chroniques de France', c.1460 (Bibliothèque Nationale de France/Bridgeman Art Library); 50: 'Genghis Khan in Battle', from a book by Rashid al-Din (1247–1318) (Bibliothèque Nationale de France/Bridgeman Art Library); 55: 'The Predicted Fall of Constantinople', c.1820s, by Panagiotis Zografos (Stapleton Collection/Corbis); 60: Columbus by Bertrand, after Theodore de Bry, 1612 (Charles Walker/Topfoto); 65: map of South America, New Guinea and the Pacific Ocean with Magellan's ship 'Victoria', from 'Theatrum orbis terrarum' by Abraham Ortelius, 1592 (The Art Archive/Bodleian Library Oxford/The Bodleian Library); 70: portrait of Martin Luther by Lucas Cranach the Elder (1472–1553) (Scala, Florence); 75: late 16th c. design for tapestry depicting the Armada (The Art Archive/National Maritime Museum London/HarperCollins Publishers); 80: early 17th c. depiction of an attack by Ieyasu on Osaka castle (Werner Forman Archive/Kuroda Collection, Japan); 85: the village of Jamestown, c.1615 (MPI/Getty Images); 90: 'The Defenestration of Prague' by unknown artist (Christophe Boisvieux/Corbis); 95: portrait of Isaac Newton by Charles Jervas, (1675-1739) (The Art Archive/Royal Society/Eileen Tweedy); 100: detail of 'The Battle of Kahlenberg at the Second Siege of Vienna', late 17th c., by Franz Geffels (The Art Archive/Corbis); 105: detail of Louis XIV and his court from 'Vue du Bassin d'Apollon dans les Jardins de Versailles', 1713, by Pierre-Denis Martin (Chateau de Versailles/Giraudon/Bridgeman Art Library); 110: 'An Offering before Captain Cook in the Sandwich Islands', from 'A Voyage to the Pacific Ocean' by James Cook, 1784 (John Webber/Bridgeman Art Library); 115: US Declaration of Independence (Joseph Sohm/Visions of America/Corbis); 120: 'Procession of patriots with Phrygian caps, bearing a model of the Bastille', c.1790, by Lesueur (akg-images); 125: 'The Battle of Waterloo Decided by the Duke of Wellington', after John Augustus Atkinson, published 1819 (Stapleton Collection/Corbis); 130: portrait of Simón Bolivar, c.1820, by Gil de Castro (Private Collection/Bridgeman Art Library); 135: opening of the Liverpool-Manchester Railway, by Isaac Shaw Junior, published 1 January 1831, (National Railway Museum/SSPL); 140: 'Am I not a Man and a Brother', English school, 18th c. (Wilberforce House, Hull City Museums and Art Galleries/Bridgeman Art Library); 145: Commodore Perry arrives in Tokyo Bay, by Taiso Yoshitoshi, 1839–92 (The Art Archive/British Museum); 150: Lee and Grant at Appomattox (CSU Archives/Everett Collection/Rex Features); 155: 'The Bavarians attack heavily defended Bazeilles a second time', 1894, by Carl Roechling (akg-images); 160: Alexander Graham Bell and the first long-distance telephone call, 1892 (Stefano Bianchetti/Corbis); 164: the Storming of Peking during the Boxer Rebellion, c.1900 (Corbis); 169: Albert Einstein (Bettmann/Corbis); 174: Franz Ferdinand and his wife, Sophie, at Sarajevo (Robert Hunt Library); 179: British soldiers with wounded German prisoners, The Somme (Robert Hunt Library); 184: 'The Aurora's salvo (fired at the Palace)', by Vitali Lentshin (akg-images); 189: Russian tanks preparing for battle, 22 June 1941 (Hulton-Deutsch Collection/Corbis); 194: Pearl Harbor (Bettmann/Corbis); 199: Hiroshima (Peace Memorial Museum/epa/Corbis); 204: The Treaties of Rome (akg-images/ullstein bild.); 209: Fidel Castro and Nikita Khrushchev, c.1962 (CSU Archives/Everett Collection/Rex Features); 214: Martin Luther King at the Lincoln Memorial (Francis Miller/Time & Life Pictures/Getty Images); 219: Edwin 'Buzz' Aldrin with the US flag (Rex Features); 224: US troops board helicopters in Vietnam (DALMAS/Rex Features); 229: fuel queue during the oil crisis (Allan Tannenbaum/Time & Life Pictures/Getty Images); 234: Bill Gates, 1987 (George Steinmetz/Corbis); 239: breaching of the Berlin Wall (Sipa Press/Rex Features); 244: Nelson Mandela and his wife Winnie (Corbis Sygma); 249: Nine Eleven (Seth McAllister/AFP/Getty Images)

56624 - (I) - (7,5) - CM135 - ARC - JME
Dépôt légal : Octobre 2011
Imprimé en France par I.M.E. - 25110 Baume-les-Dames